[増補版]

自分を知る本

TŌKA
橙花

すみれ書房

〔増補版〕

自分を知る本

橙花の数秘占い

はじめに

「知る」だけで、人生が明るく自由なほうへ

日々、多くの方を鑑定するなかで、いつも思うことがあります。

それは、ほとんどの人が「自分を知らない」ということです。

私たちはなんとなく「自分はこういう人」というイメージを持っています。
でもそのイメージはあなたの本当の姿でしょうか。
無理のない「自分」でしょうか。
魂が深い部分で喜ぶ自然の状態でしょうか……。
というのも、私たちは社会で生きるなかで、知らず知らずのうちに「いい人」「常

識的な人」「周囲に望まれる自分」を演じてしまっているところがあります。

あるいは「こうあるべきだ」という思い込みで自分を縛っている人もいます。


たとえば、ツバメに「泳ぎなさい」と言っても無理ですよね。ツバメの体は泳ぐようにはできていないからです。

ところが、本来ツバメなのに必死で泳ごうとして、「泳げない自分はダメな存在だ」と自分にダメ出しをしている人がどれだけいることでしょう。

ツバメは空を飛ぶことで鳥としての真価を発揮します。

ツバメが泳ごうとするのをやめて、翼を広げて大空を飛ぶことを知ったとき、本当の自由を手に入れ、人生を思いきり楽しめることでしょう。

自分が何者であるか、それに気づかないことには、どう生きていいのか、どうしたら幸せになれるのかがわからないのです。

「自分を知る」とはそういうことです。


橙花式カバラ数秘術では、ひとりの人間の「生まれてから死ぬまで」を、3つの数字で読み解いていきます。

前著の『自分を知る本』（文響社版）を出してから、大変ありがたいことに鑑定に来てくださる方が増えました。みなさんとお会いするなかで、「鍵《かぎ》の数《かず》」「魂《たましい》の数《かず》」「使命数《しめいすう》」のバランスのとらえ方が、私のなかでかなり変わってきたことを受け、このたび増補版を出版させていただくことになりました。「魂の数」について主に加筆したほか、こまかい部分を更新しています。

私自身はもともと仕事のことで悩み、数秘術の勉強をはじめました。数秘術を学んだことで仕事上の悩みは驚くほどするすると解決したのですが、それ以上に大きかったのは「自分を知ること」ができたという点です。

それまで私は自分のことがわかっていませんでした。「わかっていない」ということすら、わかっていなかった（笑）。

本書は「自分の取り扱い説明書」です。

自分に興味を持って、本書を使いこなすことで、いままでの謎がとけるかもしれません。日々がこれまで以上に楽しくなる人も、仕事へのモチベーションが上がる人もいるでしょう。

私が数秘術で救われたように、生きづらさを抱えている方にはぜひカバラを知ってほしいと思います。

また、もっともっと飛躍したい、才能を生かしたいという方も、カバラをうまく使うことでより大きな花が開くはずです。

橙花式カバラ数秘術では、努力は必要ありません。

自分以外のだれかに変身する必要もありません（そもそも変身できません）。

ただ、自分の特質を「知る」だけで、人生が明るく自由な方向へ変化していくことでしょう。

カバラ数秘術研究家　橙花

CONTENTS

第2章 鍵の数

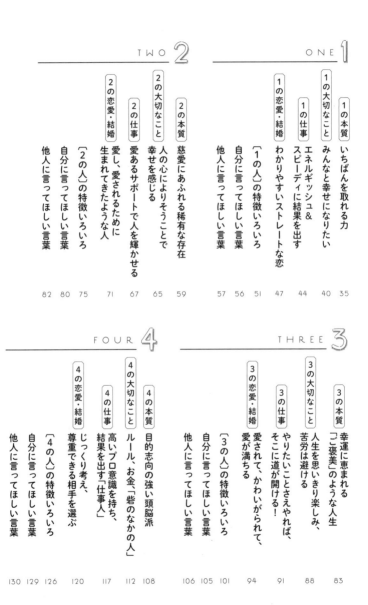

FIVE 5

SIX 6

SEVEN 7

EIGHT 8

NINE 9

ELEVEN 11

TWENTY TWO 22

THIRTY THREE 33

第3章 魂の数

第5章 橙花からの手紙

執筆協力 | 高橋扶美
ブックデザイン | albireo
イラスト | 牛久保雅美
校正 | 鷗来堂

第1章

自分の数字を知る

KNOW YOUR OWN NUMBER

橙花式カバラ数秘術について

本題に入る前に、私の自己紹介と、橙花式カバラ数秘術を生み出した経緯を、少しだけお話しさせてください。

子どものころから占いが好きでした。いつも私の横には何かの占いがありました。高校時代にタロットにはまり、放課後、たくさんの友人たちが恋愛相談にやってきました。

このとき気がついたのは、「タロットには嘘をつけない」ということ。相談者が嘘をついていることは、カードをめくれば私にはわかってしまいます。

私自身に霊感やサイキックなパワーがあるわけではありません。

いまだに、「いったいだれが、どんな操作をしてるんだろう」と不思議でなりませんが、タロット占いをしている人たちはみな、同じ経験をしていることでしょう。

30代でインテリアデザイナーとして起業しました。

私の仕事はお店のデザインプランを起こしてお客様にプレゼンをする、というところからはじまるのですが、その一発目のプレゼンが怖くてしかたありません。提案した途端に却下されたり、手痛い評価を受けたりする毎日に、心がボロボロになっていきました。

施主の心がわかる魔法のような方法はないだろうか？

そう考えてまずはコーチングを習い、カラーコーディネイトやカラーセラピーを習う途中でカバラ数秘術と出会いました。

カバラのおもしろさ、奥深さに魅了され、それからはひたすら勉強と研究の日々。多くの書物で基本を覚えてからは実践です。鑑定経験を積み重ねました。

最初のうちは教科書で学んだ通りに鑑定をしていましたが、5年も経つと、それではカバーできない部分があることに気づきました。大枠では当たっていても細部が違ったり、焦点がズレたりすることが出てきたのです。

ズレている細部をていねいに見ていくことで、自分なりの数秘術を培うことができました。

一般的な鑑定では、その人の特徴、たとえば「せっかち」「感受性が豊か」「傷つきやすい」といった要素をとらえることで、当たる、当たらないという判断をしていくものだと思います。

しかし橙花式では、「せっかちで感受性が豊かで傷つきやすい」という特徴があるとしたら、「なぜそういう特徴があらわれるのか」を深く追究していき、その人の「本質」と「本質をブロックしているもの」をつかみます。

「本質」をつかむのは、とにかく「自分をゆるして」ほしいから。「自分をゆるす」とは自分を認め、受け入れることです。

数秘に出会ってから17年の歳月が過ぎました。

これまで鑑定した人数は、５０００人以上にのぼります。

この鑑定経験なしに、本は書けませんでした。本書に記したことはすべて、実際にお会いしたクライアントの、たくさんの生の声から導き出した私なりの統計値です。

あなたの人生を読み解く「３つの数字」

橙花式カバラ数秘術では、人は生まれながらに「３つの数字」を持つと考えます。これらはすべて「誕生日」によって決まります。あなたは「偶然」その日に生まれたのではなく、その日を自分で選んで生まれてきているのです。３つの数字を橙花式では、①鍵の数、②魂の数、③使命数と呼びます。

①「鍵の数」は、あなたの人生のメインストーリーをあらわします。
②「魂の数」は、「前世の数字」で０歳から12歳くらいまで強くあらわれます。その後も人生の土台となる数字です。
③「使命数」は、人生のミッションとされる数字です。

この３つの数字が絡み合い、交じり合うことによって、その人の本質、性格が形成されていきます。
①は文字通り、人生の「鍵を握る数字」。あなたの考え方や性質の大きなところを

あらわすため、本書でも多くのページを割いて説明しています。

②の「魂の数」は、「(直近の)前世をあらわす数字」とされます。前世の感覚は今《こん》生《じょう》にも残っていて、それが幼少期にあらわれるのです。思春期あたりで「鍵の数」に切り替わる人が多いのですが、最近、鑑定を通して、「魂の数」が相当色濃く残っている人が多いなという印象を強めています。

③は、人生の「宿題」をあらわす数字。「この宿題だけは、今生でなんとか終わらせていきましょうね」という意味があります。

「魂の数」から「鍵の数」に切り替わらない場合

数秘の教科書には、「鍵の数」が70%、「魂の数」が30%を占めると書かれており、私も鑑定をはじめたころは、「魂の数」を子どものころの性格をあらわす数字として扱っていました。しかし、ここ最近、どうも違う場合が多いぞ、という気がしています。

「『魂の数』は、思春期にスイッチして『鍵の数』に切り替わるとは言い切れないのではないか？」

と思いはじめ、検証に努めてきました。

「切り替わった年がはっきりわかる」という人もいれば、30歳を過ぎても「魂の数」の要素しかない！という人もいます。

切り替わらない人について、親との関係が少なからず影響しているということが、鑑定を通してわかってきました。

子どものころは親（特に母親）の考えをそのまま世界の定説のように信じていることが多いと思います。

たとえばこんなことです。

「学校では友だちを作ろうね」

「目上の人に礼儀正しく」

「お箸は正しく持たなきゃ絶対にダメ！」

「努力することは素晴らしいこと」

親は当たり前のこととして、子どもに教えますが、親の「当たり前」が、子どもの特性に合致していないことも多いようです。

「学校では友だちを作ろうね」と言われても、ひとりで本を読んですごしたい子もいます。

「目上の人に礼儀正しく」と言われても、尊敬できる人にだけ礼儀正しくしたいし、尊敬できるかどうかはどんなに幼くても自分で決めたい子もいます。

また「当たり前」は人それぞれに違い、努力するのが大切だという親もいれば、人生を楽しむことを優先すべきだと考える親もいるでしょう。

親も子も違う人なので、価値観が合致しないのは当然のことです。

多くの人は思春期を迎えたころ、精神的な模索を通じて、自分を確立していきます。しかしなかには親と自分を切り離す作業をしない人もいます。思春期で一度親の価値観を否定し、「自分はこう思う。親とは違う」ということに向き合わないまま大人になった場合に、子どものころの数字、つまり「魂の数」を生き続けていることが多いような気がしています。

今生の自分（「鍵の数」）になる前の自分を引きずっているといえます。あくまで鑑定による私の感覚なのですが。

ブレンド具合を自由に楽しむ

とはいえ、切り替わっていなければ悪いということではありません。

3つの数字要素のブレンド具合が、その人が持つ個性であり、人間性といえます。

ただ、「魂の数」が色濃い人が、生きづらさを訴えることが多かったのも事実です。

そういう場合は、人生で、大きな一歩を踏み出そうとするタイミングのときに「鍵の数」を意識してみてください、とアドバイスします（334ページに詳説）。

いずれにせよ、あなたの数字が関係している項目については、「鍵の数」「魂の数」両方を読んでみてください。たとえばあなたの「鍵の数」が「4」、「魂の数」が

「1」でしたら、「鍵の数」の「1」、「魂の数」の「4」もあわせて目を通していただければ、きっとピンとくる部分があり、「自分は『魂の数』が濃く出てるかも……」といった読みとりができるはずです。

同じ数字を持っている場合

「鍵の数」と「魂の数」が同じ場合、その数字に特化した人生になります。生まれてから死ぬまで一貫してその数字を生きます。

「魂の数」と「使命数」が同じ場合は、その数字になんらかの宿題がある人です。「前世でも1回経験してきたが、宿題のやり残しがあってもう一度やる」といったイメージです。9月生まれの人は全員「魂の数」と「使命数」が同じになります。

「鍵の数」と「使命数」が同じ人は、その数字が出たり引っ込んだりするような性格になります。

ごくまれに3つの数字がすべて同じ方がいらっしゃいます。よくも悪くもその数字の勉強のためだけに生まれたといえます。

橙花式の数字の分類

橙花式カバラ数秘術では人を12の数字に分類します。9通りあるいは11通りに分類する流派もありますが、長年の鑑定を通して、橙花式では、「鍵の数」を1、2、3、4、5、6、7、8、9、11、22、33の12通り、「魂の数」は11通り、「使命数」は10通りに分類しています。

まずは次ページの計算方法で、ご自分の数字を出してみてください。

自分の数字を出してみよう

1 鍵の数

P32～

誕生日の西暦、月、日の数字をすべて分解して、順番に足していきます。2ケタになったら、また分解して足すという作業を繰り返します。必ず左から順番に足してください。

例）1985年 8月 24日

❶ すべてを分解して1ケタの数にして左から順番に全部足していきます。

1＋9＋8＋5＋8＋2＋4=37

❷ 37をまた分解して1ケタにして足します。

3＋7=10

❸ この10をまた分解して1ケタにして足します。

1＋0=1

❹ この方の鍵の数は〔1〕です。

＊❷で1ケタの数字が出た場合は、そこで終了です。
＊❷までの過程で、〔11〕、〔22〕、〔33〕になった場合はそこで終了です。

例）1975年 8月 12日

1＋9＋7＋5＋8＋1＋2=33

ここで終了です。この方の鍵の数は〔33〕です。

あなたの鍵の数は ［　　］

2 魂の数

P326～

誕生日を分解して1ケタにして足します。11日・29日生まれの人は〔11〕です。
22日生まれの人は〔22〕です。
2日・20日生まれの人は〔2〕です。それ以外の人は計算してください。

例）24日

2＋4=6

この方の魂の数は〔6〕です。

＊足して11になったらそこで終了です。

あなたの魂の数は

3 使命数

P386～

誕生日の月、日を分解して順番に足します。

例）8月 24日

❶8＋2＋4=14

❷1＋4=5

この方の使命数は〔5〕です。

＊途中で〔11〕になったらそこで終了です。

例）10月 19日

1＋0＋1＋9=11

ここで終了です。この方の使命数は〔11〕です。

あなたの使命数は

大切な人の数字を出してみよう

さん		年　月　日生
鍵の数	魂の数	使命数

さん		年　月　日生
鍵の数	魂の数	使命数

さん		年　月　日生
鍵の数	魂の数	使命数

さん		年　月　日生
鍵の数	魂の数	使命数

さん		年　月　日生
鍵の数	魂の数	使命数

第2章

鍵の数

NUMBER OF KEYS

「鍵の数」とは

「生まれてから死ぬまで」をあらわす3つの数字のなかで、「鍵の数」はあなたの人生のメインストーリーの数字です。

あなたがどんな性格で、どんな考え方をするのか。何が好きで何がイヤなのか。どんな仕事が合うのか。どんな人が好きで、どんな恋愛・結婚をするのか。こういったことも全部わかります。

時には「なぜ?」と思うこともあるかもしれません。

たとえば〈5の人〉は楽しいこと、ワクワクすることが大好きです。

〈11の人〉は、自分のことを後回しにして人のために動いてしまいます。

これらはもう「なぜか」という説明がつきません。

「はじめに」で述べた「ツバメは空を飛ぶようにできている」という話につながります。それが私たちの「本質」ということなのです。

あなたの選んだ人生を読み解く

カバラでは、人は「輪廻転生」をしていろいろな人生を経験することで魂を磨いていく、と考えます。

今回の人生はあなたが選んだ人生です。前回は天涯孤独でさみしかったから、今回はたくさんの人と会って、たくさん話をする人生にしよう……といったように（これ、私のことですが）。そしてそれが「鍵の数」にもっとも大きく反映されています。

あなたが今回選んだ人生はどんなものか、そこに思いをはせながら本章を読んでいただければ納得できる部分が大きいと思います。

わかりやすい数字、複雑な数字

1から順に読んでいただくとわかるかと思いますが、数字が小さいほうが、性質がわかりやすくて明快です。

7、8、9と数字が上がっていくにつれ、人生も考え方も複雑になっていきます。

いろいろ考えなければいけないことが増えるし、人間関係も一筋縄ではいかなくなります。

11、22、33について

私は「鍵の数」を1～9と、11、22、33に分類しています。

なぜ11は2、22は4、33を6としないのでしょうか。これらは似てはいるのですが、本質的なところで違いがあるのです。
11、22、33の「ゾロ目」は特別なお役目を持って生まれてきたとされています。お役目とは、簡単にいえば「人助け」です。ゾロ目の人たちは自分より他人を優先する性質を持ち、それが「人助け」につながります。人を助けるお役目があるから、パワフルだし、恵まれてもいます。

さあ、ではあなたの本質を探っていきましょう。

ONE

1

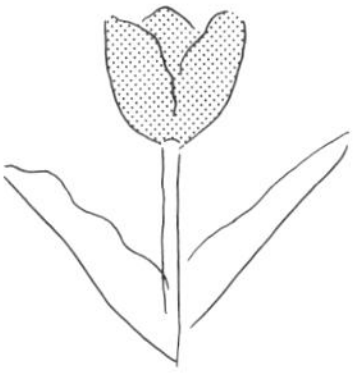

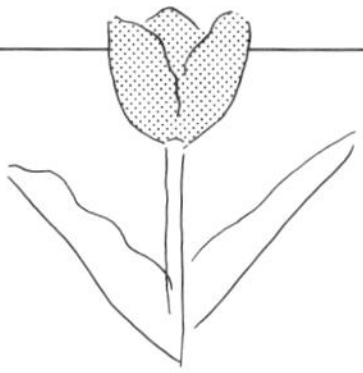

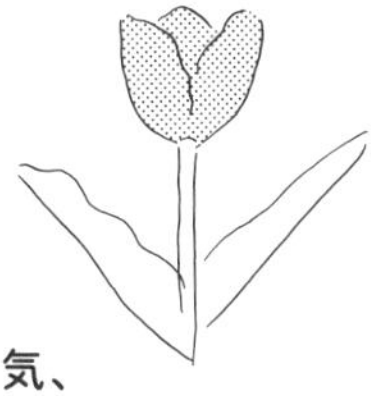

KEY WORD

リーダー、仲間が大切、ストレート、勇気、潔さ、いちばん、純粋、無邪気、人気者、スピーディ、主人公、情に厚い、素直、開拓者、正義感

1の本質

いちばんを取れる力

ブレのない意欲と精神力

〔1の人〕は、数秘術のなかではもっともシンプルでわかりやすい存在といえます。

数字があらわす意味そのままに、なんでも「いちばん」が好きです。好きなだけでなく「いちばん」を取る能力と精神力があります。

一本気でまっすぐ、喜怒哀楽が激しく、正義感が強く、純真。「これ」と思ったことに熱く燃え、わき目もふらず、一直線に走ります。ディフェンスよりオフェンスの人です。

純粋、無邪気、ストレート

嘘がつけません。思っていることが顔に出てしまいます。

ほかの数字では「言っていることとやっていること、考えていることが全部違う」ということがありえますが、〈1の人〉に限っては「言っていること＝やっていること＝考えていること」です。

場を盛り上げるリーダー

いるだけでパッと派手で目立つ存在。〈1の人〉がいると場が華やぎます。先に立って組織を引っ張っていくリーダーでもあります。面倒見がよくて、行動力があるので、人がついてきます。

声が大きくてハッキリとした物言いをするので、そんなところも「親分」向き。また、正義感が強く、悪意に立ち向かう勇気がありますから、人から頼りにされます。〈1の人〉がリーダーになるときは、冷静で、人の裏を読むことのできる側近や部下が必要です。数字でいえば〈7の人〉〈9の人〉あたりが適役。特に〈9の人〉は、

〈1の人〉の苦手とする「まわりの状況を把握し、総合的に判断して根回しする」ことに長けています。

あなたの役は「主役」です

「物語の主人公」です。ストーリーをつくりだす人。場は〈1の人〉を中心に回り、周囲の人は〈1の人〉の物語の登場人物です。

いつも「主役」たりうるわけですから、人を惹きつける魅力やオーラ、カリスマ性があります。気づくと「自然に主役になっている」のです。

そんなあなたをうらやましいと思っている人、あなたの人生を生きてみたいと思っている人がまわりにたくさんいるはずです。

ゼロから物語をつくりだす力を持つ

何もない荒れ地に先陣を切って乗り込み、切り開いていくフロントランナーです。

新しい分野を見つけ、いちばんに動きだすことができます。

多くの人は「最初の一歩を踏み出せない」ことで悩んでいます。

周囲の人は、〈1の人〉がまず一歩を踏み出すことで勇気をもらい、安心して動き出すことができます。

6歳の男の子

〈1の人〉の心のなかには「6歳の男の子」が住んでいます。それは社会的地位を得た人や、多くの経験をしてきた老人でも同じです。

「6歳の男の子」だから、いつだっていちばんがよくて、そのために一心にがんばるし、わかってもらえないと大きな声を出して怒ったり、大粒の涙を流したりします。プライドも高いです。男の子はプライドが高いですよね？「言いたいことをぐっと飲み込む」なんて大人のふるまいは大の苦手です。

〈1の人〉の多くがせっかちなのも、「6歳の男の子」であるゆえです。子どもですから待つことができません。

ストレートな感情表現

〈1の人〉の感情表現はストレートです。喜怒哀楽をまっすぐに表現します。

はしゃぐときは大いにはしゃぎ、悲しいときは号泣し、怒るときは大声で怒鳴ります。

もちろん大人になれば場をわきまえ、まわりの目も気にするのですが、「感情を正直に表現したい」という本能的な欲求が常に根底にあります。

ビジネスの場面でも、「ここで怒ると儲けが減る」とか「黙っていたほうが賢明だ」などという計算や駆け引きは苦手。がんばって感情を抑えても、バレバレです。顔に出てしまっています。根っから純粋で素直な人なのです。

1 ONE

1の大切なこと

みんなと幸せになりたい

仲間が大切

〈1の人〉にとって何より大事なもの、それは「仲間」。仲間が大好きです。自分だけが幸せになろうなんて考えていません。「みんなで幸せになりたい！」「みんなを幸せにしたい！」。〈1の人〉は心からそう願っています。

ここでいう仲間とは、家族はもちろん、友だち、同僚、上司、部下、趣味の仲間……、〈1の人〉が仲間だと思う人すべてが「仲間」です。

仲間のためには労を惜しみません。「仲間を幸せにする！」という大義のためなら、〈1の人〉は猛然と張り切り、無限のパワーを発揮します。

裏をかえすと、仲間から孤立した〈1の人〉は非力な存在となってしまいがち。仲間がいるからこそ、〈1の人〉の真価が発揮されるのです。

信頼と裏切り

〔1の人〕の人付き合いをひと言でいうなら「純粋」。まったく裏表がありません。根が素直で純真ですから、まっすぐに人を信じてしまいます。「裏」を読むのが苦手で、相手に悪意があるとは夢にも思っていません。その性質は、時としてだまされやすさにつながります。「信頼と裏切り」は、〔1の人〕の人生において何度か繰り返される、重要なテーマです。

〔1の人〕が仲間に裏切られたとなると、それはもう大変。怒り狂います。その怒りの裏には深い悲しみがあり、まわりが驚くほど落ち込みます。

しかし、私はこの「裏切りを味わう」という経験は、〔1の人〕にとって、大きな学びとなると考えています。

人生は、「単純な正義感」だけではうまくいきません。必ず白と黒では割り切れない部分があるのです。だれかに裏切られ、失望する経験を通して、〔1の人〕は「グレー」の領域があることを理解し、心に深い思慮が生まれます。1のパワーに「深み」が加われば、無敵です。

そして、だまされたり裏切られたりしても、〈1の人〉には助けてくれる仲間が必ず近くにいます。〈1の人〉自身もタフですから、ちょっとやそっとではめげません。一時的にへこみはするけれど、ちゃんと立ち直ります。

よく怒っている

〈1の人〉は何かにつけよく怒っています。

でもその怒りは、保身や身勝手からくるものではありません。〈1の人〉特有の強い正義感が理由であることが多く、怒りの根っこには必ず「愛情」があります。仲間がいじめられたり、理不尽な目にあっていると黙っていられず、立ち向かっていこうとします。

ここで注意しなければならないのが、〈1の人〉が怒ったとき、自分で思う以上に、相手に「怖さ」を与えているということです。怒りの感情をストレートに表現するため、迫力があります。声もデカく（大きいというより「デカい声」）、相手を怯えさせます。どれだけ正当な主張をしていたとしても、感情的になってガーッと言うだけでは伝わりません。〈1の人〉の言っていることは決して理解されない類のことではないので、「伝える方法」を考えましょう。
それと……、どんな顔で怒っているのか一度鏡を見てみましょう。

「ありのまま」生きている

純粋で「ありのまま」生きている〈1の人〉にとって、「ほかの数字の人」は複雑で少々わかりにくい存在です。

ほかの数字の人にとって「ありのままで生きる」なんて信じられません。「みんな、ホンネとタテマエを使い分けている。そういうものでしょ」というのがほかの数字〈特に6〜9〉の大前提だったりします。

嘘やタテマエは、自分を守るための方便であることが多く、〈1の人〉はそこが理解できない。時としてそんな「大人の婉曲表現」が、「卑怯さ」「裏切り」に思えてしまいます。〈1の人〉の人生に「裏切り」がついてまわるのはそれゆえです。

1 ONE

1の仕事

エネルギッシュ＆スピーディに結果を出す

仕事が大好き

〈1の人〉は仕事が大好きです。なぜなら自分がやったぶんだけ結果が出て、評価されるから。バリバリ仕事をして、ガンガン成果を出します。ファイターとしてどれだけでもがんばります。

リーダーシップをとれる場が用意されると、〈1の人〉のよさを発揮できます。逆にいうとパワーを持たせないとやる気が出ない人。「言われたことを言われた通りにやる」「黙って上司の言うことを聞く」などという仕事は〈1の人〉には向いていません。

「だれかのためになる」という感覚も、〈1の人〉にとっては重要。自分の仕事でみんなを幸せにすること、楽しませることが、〈1の人〉の生きる喜びとなります。

重要なのは「評価されること」

成果が見えやすい仕事、評価制度がしっかりした仕事が向いています。なんといっても〈1の人〉の心には「6歳の男の子」が住んでいます。自分がやったことの結果がすぐほしいし、人からほめてほしいのです。

営業とか、技術職（ものづくり）など、「これだけやった」というのがはたからも見えやすい仕事がいいようです。

せっかちなところがあるので、短期的に結果の出る仕事が向いています。長期的スパンで成果をはかる「数年越しの研究」などは、〈1の人〉にとっては、少々つらいかもしれません。

営業には特に抜群の才能を発揮します。

派手で人を引きつける魅力があるので、その場が盛り上がり、商談がまとまりやすいのです。〈1の人〉自身が営業パーソンでなくても、営業の場に〈1の人〉を同席させるのもいい手段です。

お金を稼ぐという意味での「仕事」をしていないとダメかというと、そうではありません。専業主婦（主夫）や家事手伝いであっても、「家族のために」という目的があれば、〔1の人〕の長所が存分に発揮されます。

ただし、どんな仕事であっても、「評価」がないと腐ってしまうところがあります。家族に対して、「ねぎらってほしい」という思いをしっかり伝えておくことも大切です。

1の恋愛・結婚

わかりやすいストレートな恋

見た目の好みが大切

「美人」「イケメン」にパーッと一目惚れしちゃうことが多いようです。

「いちばん」が好きだから、いちばんきれいな人が好きだったり、人気者をわかりやすく好きになったりします。

美人やイケメンといっしょにいることは、〈1の人〉にとっては価値があることです。恋人をアクセサリーのように思っている部分もなきにしもあらず……。

表面的な印象に惑わされやすく、外見がやさしそうに見えれば「この人はやさしい！」と思ってしまうし、外見が美しければ「この人は人間性もすばらしい！」と思い込んでしまうところがあります。

その結果、「付き合ってみたら全然違った！」ということも起こりえます。勝手に好きになったにもかかわらず「だまされた！」と怒りだします。

〔1の人〕は意外にも「この人」と決めたら一直線にまじめな恋愛をします。とはいえ、貞操観念がガチガチというタイプでもありません。特に男性の場合は「据え膳食わぬは男の恥」みたいな感覚があり、ついつい浮気をしてしまったりもします。

恋人同士になると、相手を思い通りにしたがるところがあります。

よく「なんで自分の言うことを聞いてくれないの？」的な発言をします。

また相手の悪いところをズケズケ言ってしまったりもします。悪気はないのですが、物言いがストレートなのでそれがケンカの原因にもなります。

結婚相手は特別な存在

恋愛はパッと燃え上がるような情熱的な恋をするけれど、結婚は慎重。相手が信頼できるかどうか、よく見極めるからです。婚活をする場合でも、自分の望みにしっかり優先順位をつけて候補を絞っていくようなところがあります。

その優先順位もわかりやすく、「収入」「地位」「能力」「職業」「美貌」など、世間的な評価と一致するものが多いようです。

もっとも重要な価値観は、「自分と肩を並べることができるかどうか」ということです。「いちばん」が大好きな〈1の人〉の家族なのだから、特別なのは当たり前。「自分に見合う相手」でなくてはいけないのです。

たとえば女性の場合は夫に社会的な成功や高収入を求めたり、男性の場合は妻がいつまでもきれいでいてくれることを望んだり……。相手に多くを求めすぎて、時にはそれが不協和音の原因になることもあります。

でもそんなエゴを超えて、基本的に愛情が深く、自分が相手を幸せにしたいという気持ちが根底にあるのが、〈1の人〉の特徴といえます。

相性のいい数字は？

結婚相手の相性としては〈1の人〉同士が最良。一見「自分が自分が」とぶつかってしまいそうな組み合わせに見えますが、意外にも「肩を並べる」ことで、いい関係を築けます。

また世話好きで尽くしてくれる〈2の人〉、能力が高くて〈1の人〉とは逆に女性的な〈6の人〉、思慮深くていろいろ相談に乗ってくれる〈9の人〉などが合うといえます。

〔5の人〕とはお互いに惹かれ合いますが、後々浮気問題が起こるかも……（〔5の人〕が浮気をしたり……？）。

〈1の人〉の特徴いろいろ

声がデカい――「声」がデカいです。大きいというより「デカい」のです。でもそれも腹に含むものがなく、自分を率直に表現する〈1の人〉ならではの特徴です。

人の話を聞いていない――基本的に人の話を聞いていません。いつも自分が主役。しかし他人の意見をまったく聞き入れないかというと、そうではなく、相手がきちんと説明すれば反対意見にも耳を傾け、自分の欠点を潔く改めることができます。

イライラせっかち――何事もスピーディに進むのが好きだから、だらだらと長引く不毛な会議に出席しているときはイライラしてきます。意見も言わずに黙って座っているだけの人もいたりして……。なんでチャッチャッと重要なことだけ決めて終わらせないのか！〈1の人〉はだんだん我慢ができなくなってきます。そこで、こう言ってしまいます。

「つまりは○○○○ということですよね！！」↑ココ、怖がられています（笑）。

桃太郎―仲間といっしょに鬼退治。勝ったら褒美をみんなで山分け。育ててくれたおじいさんとおばあさんも大喜び。〈1の人〉をキャラクターであらわすとしたら、問答無用で桃太郎でしょう。

ボス親―明るく楽しくイベント好きのパパママになるでしょう。だけど、ちょっと怒りすぎな一面も。

「ダメだって言ってるでしょ！　昨日も言ったよね！　ダメって言ったらダメだからね！　お母さんゆるさないからね！」

大声で子どもを叱っていませんか？　でも叱ったあとで悔やむことも多いのですよね。だって〈1の親〉は、子どもを心から愛しているのですもの。本当はいつもニコニコしているやさしいお父さんお母さんでいたいのです。叱りすぎるがゆえに、あなたの愛情が子どもに伝わっていないかもしれません。立ったまま子どもを見下ろして叱っているなら、しゃがんで、目線を合わせて、ゆっくり話してみてくださ

い。そして、子どもを怒っているときの顔を、鏡で見てみて！（笑）

モテたいときは――派手で目立って人気者のあなた。もしも「モテないよ――！」と思うならば、それはあなたが「怖いから」かもしれません。あなたに大切なのは「隙《すき》」なんです。「わー間違っちゃった〜」「どうすればいいんだろう？？」困ったなあ」などと言ってみましょう。大声で。

しょぼい目標はダメ――運を引き寄せたいとき、ほしいものを具体的にイメージしてください。「1年以内に年収１００万円増」とか、「1年後にシルバーのベンツＳＬを買う」というように。

飽きっぽいので長期目標は向きません。短期目標がおすすめ。半年に1回とか、年に1回など期間を決めて、小決算するといいでしょう。「１００万円貯まったらシャンパン1本空けてお祝いをする」などというように、小さな成功を積み重ねるイメージがいいのです。小さな成功を得たら、そこからまた新しいチャレンジをはじめましょう。

小さな成功を積み重ねるといっても、最終的に描くイメージは、大きい夢、最高によいものを目標にしましょう。くれぐれもしょぼい目標はやめてください。だって〈1の人〉なんですから！

嫌いな人――ズルい人、卑怯なことを考える人がゆるせません。でも、どんな人でもズルいときはあるし、ちょっとぐらい卑怯なことを考えることはありますよね。ところがそれを理解するのが〈1の人〉は苦手なのです。悪い人はいつも悪い！　いい人はいつもいい！　頭のなかでそう決めつけがちですが、人間はそんなに簡単にできていません。人間は多種多様で複雑であるということを、〈1の人〉は人生をかけて学んでいくのかもしれません。

体調が悪いときは――〈1の人〉は怒ったり落ち込むと体に出てしまいます。怒りのあまり具合が悪くなったり、熱が出たり。体になんらかの症状が出たときは、メンタルもかなり落ちています。体の不調はメンタルのバロメータとして考えましょう。

お金は力の指標──〈1の人〉にとってお金は力。大きくお金を使うことで力を誇示したいのです。

価値のある品を大金で買ったりすることに酔いしれます。「自分にはこんなに力があるんだ！」ということが確認できるからです。

だから家や車などには豪快にお金を使います。「自分にとってのご褒美」的な使い方が好きです。

部下にごちそうしたり、家族にプレゼントしたりするのも大好き。そういうときのお金は「成功の物差し」となり、〈1の人〉にとって最高に気分のいい使い方です。

一方、価値観に合わないことには1円も使いたくない人です。その部分だけを切り取るとケチに見えます。

1 ONE

自分に言ってほしい言葉

「いまのままで、ほとんどパーフェクト」

どうしてもがんばりすぎてしまう〈1の人〉。それは焦りにつながります。ゆったりするのが上手な人を見て「うらやましいな」とは思いませんか？

焦りの感情が薄まり、「ゆったり感」を手に入れたとき、〈1の人〉は最大級輝きます。いまのままでじゅうぶんOKなのですから、まずは認めてあげてください。

「つらいって言っていいんだよ」

あなたは自分が強くなければいけないと思っていますよね。全然そんなことないですよ。あなたの魅力は実はあなたの弱さのなかにあるんです。あなたの失敗や落ち込む姿は、みんなの心に安心感や仲間意識を生みます。

あなたがいちばん大切にしている仲間との関係は、強さも弱さも共有してこそすばらしいものになるんですよ。

「みんな違う考えなのは当たり前なんだよ」

誠実なあなたには裏表がありません。それはたくさんの人間のなかで生きていく上では無防備だということです。みんなが同じ価値観を持っていて、いいものはだれでもいいと感じるというのは幻想です。違っていて当たり前。違っていていいんですよ。それは裏切りなんかじゃないんです。

他人に言ってほしい言葉

「あなたの○○なところが好きです」

あなたが思っているより、まわりの人はあなたのことを怖がっているかもしれません。すごく照れ屋な一面を持つあなたは、ストレートに好意を示すのが苦手ではありませんか？　いつもの快活な調子で「○○さんが好きだからさ」なんて言ってみてください。苦手な相手でも、いいなと思う部分があったら、「○○さんのそういうところ好き」と伝えてください。相手はびっくりするほど喜ぶはずです。

「あ、私が悪かった。ごめんなさい」

照れ屋なあなたは自分が悪いとわかっているときでも素直に謝れません。「そんなこと言わなくたってわかってくれよ」と思ってしまうのはあなたの甘えです。思いきって謝ってみましょう。物事が思いのほかスムーズに動きだすことに気づくはずです。

笑顔

〈1の人〉に言葉なんていらないんです。目を合わせてにっこり笑いかけてください。ストレートなあなたの笑顔はみんなを幸せにするでしょう。

TWO

2

KEY WORD

繊細、しなやか、愛にあふれる、親切、人に気をつかう、心やさしい、サポート力、我慢強い、母性愛、共感力、平和主義、ふんわり、こまかい作業

2の本質

慈愛にあふれる稀有な存在

人の痛み＝自分の傷になる人

あたたかく、愛にあふれる〔2の人〕。いつも人のことを気づかい、人を助けようとします。〔2の人〕がいるだけで場が和み、だれもが安心し、ホッと落ち着く「癒しの存在」です。

だれかが困っていたら静かによりそい話を聞く。疲れている人を見たら、お茶をいれる。〔2の人〕の気配りは、どんなときもさりげなくて上品です。

共感力がゆたかなので、目の前の人のつらさや悲しさをリアルに体感してしまいます。他人の痛みを他人事とは思えません。

「すぐに助けてあげたい」と思っているうちに、あなたの気持ちは「私を助けてほしい」に変化してくるはずです。他人の痛みを自己に投影しているうちに大きく感情移入し、自分自身がつらい気持ちになってしまうことがあるのです。

「特別な力」を持つ「特別な存在」

しなやかで繊細。たおやかに風に吹かれる柳のようなイメージ。

年齢・性別にかかわらず、どこか上品で奥ゆかしい印象があります。

自分の意見を声高に主張するタイプではなく、相手や状況に合わせていかようにも対応できる柔軟性を持っています。

〔2の人〕の共感力は、一見、優柔不断で「軸がない」ように思われるかもしれません。

しかし、あなたの「よりそう力」はすごい能力です。

人の悩みやつらい気持ちを察して、だまってサポートできる。

見返りを求めることも、恩に着せることもありません。

それはほかのどの数字の人にもできないことです。

ほかの数字に比べて〈2の人〉の数はとても少なく、それだけに「特別な力」を持った「特別な存在」という気がしてなりません。

「安心」を求める

その共感力によって、ひとりの人が人生において感じる以上の「つらさや悲しさ」を体感しているため、大きな恐怖心を持っています。

だから〈2の人〉の大切なキーワードは「安心」。

自分の安心できる場所に安住することを求めます。

自分が脅かされない世界が絶対に必要なのです。

やさしさ、繊細さゆえに、人に言われたことに傷ついたり、よけいな悩みを抱え込んでしまったりすることもあります。心配性な一面も持っています。

時にくよくよ心配しすぎてしまうこともあるでしょうが、基本的に〈2の人〉の行動や考えは間違いがなく、正しいことが多いので、人に言われたことを必要以上に気にせず、安心していてください。

2

TWO

人生はあなたが考えているよりずっと、あなたにやさしいのです。
恐れを抱かなくても大丈夫です。

野に咲く小さな花

目立たぬ場所で、「縁の下の力持ち」的な役割を果たすことも多い〈2の人〉。まるで野に咲く小さな花のような存在です。大きな声で励まさなくても、たったひと言のやさしさや仕草で、どんなに人が救われるかを知っています。

その花のおかげで「今日も生きよう」と思っている人が、必ずいるはずです。陰ひなたなく人を助ける〈2の人〉を、人は見ています。

わかっている人はわかっている。

あなたが愛される理由は、あなたの裏表のないその純粋な愛情なのです。

あなただけの楽園

あなたが繊細で傷つきやすいのは、人よりセンサーがいいから。さまざまな出来事や他人の感情の動きをキャッチしすぎてしまうのです。

第2章
鍵の数

現代社会では、「強く生きなさい」といったメッセージばかりが伝えられていて、〈2の人〉は、自分の繊細さを否定されたような心持ちがすることが多いでしょう。生きづらく感じることもあるかもしれません。

ひとつだけ覚えてほしいことは、「嫌いな人に合わせる必要は、まったくない」ということ。本当に全然ないんです。

あなたの好きな人だけに囲まれて、好きなものだけで自分の楽園をつくっていいのです。

あなたの好きなティーカップ、好きな香り、好きな本、好きな服、好きな人で、周囲の空間を満たしましょう。

小さな幸せだけを積み重ねてつくられた世界を想像してみてください。

あなたの嫌いなだれかのいない平和な世界を。

いままでお会いした方のなかで、成功している〈2の人〉は、みなさん「楽園」を持っていらっしゃいました。

〈2の人〉のことを、私が思うとき、

「できるだけ我慢しないで、逃げてほしいなあ」

というメッセージが浮かんできます。

つらいことがあっても、あなたはある種の諦念でやさしく受け入れるでしょうが、逃げてもいいんです。

楽園をつくるための努力はいいけど、嫌いな人に合わせる努力はしたらダメだということを忘れないでください。

2の大切なこと

人の心によりそうことで幸せを感じる

援助と応援

「人の役に立ちたい」「人のために生きたい」。

これが〈2の人〉の魂の願いです。

目の前に困った人がいるのに見て見ぬ振りはできません。人のために生きる覚悟を持って生まれてきたといってもいいかもしれません。

人とともに生き、人のために力を尽くすことで、〈2の人〉の存在意義が発揮されます。

「つらい思いをしていた人が試練を乗り越えた！」

「仕事に伸び悩んでいた人が結果を残せた！」

いろんな場面であなたはだれかの役に立っているでしょう。

そしていつのまにかあなたは、「なくてはならない、重要で愛すべき人」としてみんなの信頼を得るのです。

その援助は決して大きなこととは限りません。むしろ、日常のささやかなヘルプの積み重ねが、〈2の人〉らしい援助かもしれません。

あなたの行動は、見返りを期待しての行動ではありません。決して自分のやったことを自慢しないし、押しつけがましいところもありません。いうなれば「無償の愛」からくるものです。

「だれかの役に立った」と思えたとき、〈2の人〉は心からの喜びに包まれます。

逆に〈2の人〉が人の役に立てないとき、とてもさみしい気持ちになります。

他人を大切にすることが、あなた自身を大切にすることに直結するのです。

多くの人は、自分の利益や自我を満たすために生きています。

そのなかにあって見返りを期待せず愛を注ぎ続ける〈2の人〉は、「稀有な存在」といえるでしょう。

2の仕事

愛あるサポートで人を輝かせる

「人によりそう」ことを仕事に

「人のために何かをしたい、人を助けたい」という魂の希求がありますから、秘書、看護師、介護福祉士、保育士といった「人によりそう」仕事が向いています。「目の前の人にすばやく対応して合わせていける」ので、接客業も上手にこなせるはずです。

また、人の心の機微を解する人ですから、文筆業も向いています。脚本や小説など人間の心を探ったり想像したり、あなたにしか描くことのできないキャラクターを生み出せるはずです。

ファッション業界、美容業界などもいいでしょう。だれかを輝かせる仕事は、〈2

の人」にふさわしい職業です。

人を伸ばすことで自分自身も伸びる

会社組織においては、人材育成の研修係や新人の教育係など、人を育てる仕事に抜群の能力を発揮します。労務管理、人事など、調整役も向いています。

人のいいところを引き出す仕事をしているうちに、自分の能力が発揮され、成果が高まるという特性があります。

組織のリーダーになったときには

表に立ってグイグイと人を引っ張っていくタイプではありませんから、組織でリーダーとして派手に活躍するような仕事はあまり向いていません。自分でも苦手意識があるのではないでしょうか。

もし人をまとめる立場になったら、無理にリーダーシップを発揮するのではなく、調整役に徹したり、人を励まし、育てるというつもりでやるとうまくいきます。

しかし実際には「2の人」の部下になった人は幸せです。相手の目線に立って、やさしく根気よく指導してくれるからです。

自分の出世よりも部下の成功を喜ぶでしょう。

自分の出世や手柄しか考えない人も多いなかで、〔２の人〕の人間性は、間違いなく美しいものです。

仕事とプライベートを意識的に分ける

繰り返しになりますが、〔２の人〕は共感力が優れているゆえ、人の感情を拾います。「この人、いま、つらいんだろうな」というのが読み取れてしまい、自分もつらくなってしまうことが多々あるのです。

仕事の場でも、いっしょに働く人々に共感しているうちに、人の痛みを受け取ってしまい、その結果、体を壊してしまう方もいます。

「仕事は結果を残す場である」と割り切ることができたら、気持ちはずいぶんラクになるでしょう。

意識的に、仕事とプライベートを線引きする努力をしてみてください。

音に敏感な〔２の人〕。一歩仕事から離れたら、いい音がするところに身を置くことを心がけましょう。楽器などの習い事は特におすすめです。

何か新しい知識を得ること、華道や茶道、手芸など、美しい手仕事を趣味に持つことも、「切り替え」の習慣づけになるはずです。

つらいときはリセットしていい

苦手な人がいる職場に耐えるのは非常に苦しいことです。

〔2の人〕は〔2の人〕が大切にされない場所に、いるべきではないのです。これは職場に限らず、家族関係、地域社会、どんな場でも同じです。

黙って耐えるのが人生修行とか、美徳だという考え方もありますが、それはほかの数字の人には適応しても、〔2の人〕のミッションではありません。

あなたが大切にされないと感じるならば、そこはあなたの居場所ではありません。大切にされる場所にさっさと移りましょう。我慢が足りないなんて思う必要はまったくありません。きっとその場を去るとき、みんながあなたのことを心から惜しむでしょう。

そしてあなたがいなくなってはじめて、あなたの存在の尊さや奥ゆかしい魅力に気がつく人がいるはずです。

2の恋愛・結婚

愛し、愛されるために生まれてきたような人

愛され、大切にされる存在

奥ゆかしく人を助ける気質ゆえに、〔2の人〕は、だれからも愛され、大切にされます。もちろんモテます。それもあなたを巡って争いが起こるほど!

やさしいし、気配りは抜群だし、話は聞いてくれるし、人あたりがふんわりやわらかいし。相手は「この人といると安心する」「抱きしめたい!」と思ってしまいます。

〔2の人〕といっしょにいる人は、どんどん幸せになっていきます。

気づいてないかもしれませんが、あなたのまわりにはあなたといっしょに生きていきたい、あなたといっしょに幸せになりたいと思っている人がいます。

あなたとともに生きる人は幸せになっていきます。

また〔2の人〕自身、みんなに愛されて、大切にされてこそ、輝く人です。

2
TWO

必要とされると恋に落ちる

〈2の人〉は自分で積極的に相手に迫るというよりも、自分を好きになってくれた相手を好きになる感じです。

どちらかというと相手ペースで、「好きなんだ！」「あなたが必要なんだ！」と押されて恋に落ちてしまうようなところがあります。押しに弱く、断ることが得意ではありません。そこが「モテ」の理由でもあるのですが……。

一度恋愛関係がはじまると、ディズニー映画のハッピーエンドのストーリーのような、恋愛初期のロマンチックな状態がずっと続くイメージを持っています。永遠に恋に憧れている少女のような人です。

あげまん（男も！）

結婚すると、ものすごく相手を大切にします。

愛情表現が豊かで相手に尽くすし、きっちり面倒を見ます。

相手に何かトラブルがあっても、いっしょに乗り越えようと努力します。簡単に見捨てるなんてしません。

だから〈2の人〉と結婚した相手は幸せになり、出世もします。いわゆる「あげまん」なのです。

「こんなはずじゃなかった」ときは……

〈2の人〉の恋愛や結婚は「相手のプッシュありき」ではじまります。

それは時として「こんなはずじゃなかった」という事態につながることも。

相手が自分を大好きな状態から恋愛がスタートするので、気持ちが落ち着いてくると、相手が変わってしまったように感じられるのです。

「好き」と言ってくれて、「大事にする」と言われたから付き合ったのに、「こんなはずじゃなかった」というわけです。

大恋愛の末に結婚した夫が、いざいっしょに暮らしてみたら甘ったれの「ダメンズ」だった！　ということもあるかもしれません。

それでも見捨てないのが〈2の人〉。「この人には私がついていないと」と思ってしまうのです。

2

TWO

でもあなたが幸せだと思えないならば、違う世界をつくり直していいと思いますよ。
あなたは、あなたが思っているより、ずっとモテるのですから。

〔2の人〕の特徴いろいろ

美意識が高い――美しい環境に身をおきたい人です。着飾ることが好きで、美しくドレッシーな装いをしています。おしゃれ、というより、エレガントな雰囲気。選ぶものに統一された美意識が感じられ、「どうでもいいもの」を身に着けたり、手もとに置いたりすることはありません。

こだわりの嗜好品がある――いつものお茶、いつものお酒、特別なお菓子。ゆずれない「何か」がある人が多いのも特徴です。それはただの嗜好品ではなく、〔2の人〕の世界をつくる重要なもの。ですから「これじゃなきゃダメ」なのです。

あなたの役は「初恋の人」――あなたは周囲の人にとって、幻、儚さ、幻想、夢のなかの人、憧れの人のイメージです。映画のキャスティングならば、あなたの役は「初恋の人」。だれかの胸の大事な場所に、あなたの存在があるはずです。思い当たる

2
TWO

ことはありませんか？

しつこいよ、ママ！——家族は〈2の人〉にとって守るべき大切なもの。大切なきずなでつながっていると考えています。

思いきり愛情を伝え、愛を与え続けます。一生懸命世話をして、子どももとてもかわいがります。

でもそれがいきすぎると「もううるさい、わかってるよ！」と言われてしまうことも……。子どもにはその愛がトゥーマッチというか、重すぎちゃうのです。「ぼくを自分の思い通りにしたいんでしょ！」という言葉を投げつけられることもあるかもしれません。「あなたのためを思ってやっている」ということが相手には重すぎるのですね。

私の亡くなった母は、〈2の人〉でした。子ども時代の私は、母を守ることばかり考え、何かトラブルが起きても何も起こっていないふりをすることもありました。ひとえに、母が私のことを「心配しすぎる」ことが怖かったのです。

子どもには「冒険」が必要なもの。過度に甘やかしてしまうと自立ができないものです。「トゥーマッチ注意報」が発令されないよう、少々気をつけましょう。

苦手な人――声の大きな人がダメです。同じく大きな音も苦手です。脅かされる感じがするから。でもたとえば51ページ（〈1の人〉の特徴）を読んでみてください。

声の大きい人をそれほど恐れることはないかもしれません。声が大きいからといって攻撃しているつもりはないのです。

ほほえみの人――常にほほえみをたたえているあなたに、だれもが魅了されます。勢いで動いたりしない、思慮深い人。「和」を大切にし、静的な魅力に満ちています。

土に縁がある――園芸や植物の栽培が上手。草木、花、庭園に縁が深いようです。〈2の人〉は、ガイアのイメージ。ギリシャ神話の大地の女神のような、地球そのものをあたたかくつつみこむ人なのです。

家事が上手――きれい好き、几帳面。とはいえ、だれが見てもきれいで整っている状態にするのではなく、独特の秩序があります。散らかった部屋に住んでいても、ひとつの棚だけは几帳面に整理してある、というように。何かを「きれいに整える」という行為自体が好きなのですね。

人を喜ばせたぶんだけ幸せになれる——人の役に立つことが、結果的に大きな徳となって返ってくる人です。自分だけではなく、「人も喜ぶ」がキーワードです。あなたのおかげで、ピンチを乗り越えた人はあなたのことを忘れません。

相性——はっきりした人と相性がいいようです。好き、嫌い、いい、ダメの表現がわかりやすい人だと、〔2の人〕は安心します。数字でいえば、〔1の人〕はいいですね。判断してくれるし、守ってくれるでしょう。

能力があっていつも緊張している〔8の人〕を、〔2の人〕のやさしさでもってサポートするとか、〔3の人〕を母性的にかわいがる、というのもいい組み合わせです。

ちやほやされて生きてほしい――私の年の離れた母方のいとこも〈2の人〉です。20歳のときに親のすすめるお見合い相手といきなり結婚してしまって驚きました。「親のすすめる相手だなんて！　いまどき⁉」と。あれから30年くらい経つでしょうか。彼女はすごく幸せそうなんです。夫、子どもたち、孫たちからも、ちやほやと大切にされて、まるでお姫さまのように暮らしています。彼女の口からはグチも悪口も聞いたことがありません。いつもニコニコしています。〈2の人〉の理想形は、彼女のようにちやほやされることではないかなと、思っています。

2
TWO

自分に言ってほしい言葉
「私には〇〇がある」

「〇〇のやり方もある」


私には夢がある。私にはプライドがある。私には時間がある。

なんでもいいのです。あなたが持っているたくさんの「素敵」を口に出して確認してみましょう。

また「ほかにはこんなやり方がある」という行動の選択も、独り言でいいので口に出してみましょう。その際「できること」より、「ラクな選択」を数えましょう。意識のフォーカスポイントをラクなほうへ向かせるのです。そうすると世の中は、あなたが思うよりもずっと自由自在であることに気がつけるはずです。

できれば、一度持っているものをすべて投げ捨ててみてほしいのです。そして、ゼロから自分の好きなものだけで、自分の世界をつくってみてください。

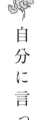

「嬉しいな」

あなたはたくさんの才能を持っています。特に「人間の心」の研究家として一流です。しかし、まわりの人間の心の動きに共鳴して、他人のつらさを自分のもののように感じてしまいがちです。

あなたには独立した人間として、個人の喜びを実感してほしいのです。「嬉しいな」とつぶやくことで、〔２の人〕のまわりにある、たくさんの愛に気がつくはずです。

「私ってえらい！」
「私って素敵」

奥ゆかしいあなたは自分をほめることを傲慢だと思うかもしれません。しかし、ほかの数字の人はけっこうみんな、こっそりと「自分ってすごい！ 自分ってかわいい！」って自画自賛してるものなんですよ。そのなかでもあなたがいちばん素敵！ 自信を持ってください。この呪文も、世界が自由自在であることに気がつくための足がかりになります。

2
TWO

他人に言ってほしい言葉

「あなたに期待しています」

本当は他人に対してわざわざ言ってほしい言葉なんて、〈2の人〉にはないんです。だってふだんから、だれよりも人の気持ちによりそっているのですから。

でもあえて挙げるなら、控えめなあなたから、「期待している」なんて言われたら、みんな嬉しいだろうなと想像します。

「そういうところがダメなんです」

ふだんは相手を否定しないあなただからこそ効くセリフだと思います。あなたは人を育てる名人です。それもほめて育てます。でも、たまにはビシッと怒ってあげてください。あなたにしかできない叱り方があると思うのです。

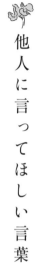

THREE

3

KEY WORD

宝物、玉、天才、天真爛漫、ピュアな魂、集中、気まぐれ、大切にされる、子ども、くよくよしない、切り替え上手、歌、多くの友だち

3の本質

幸運に恵まれる「ご褒美」のような人生

愛され、大切にされる「お宝」

パッと明るくて華があり、あなたがいるだけでまわりのみんなが幸せになってしまうような人。「宝物」、「玉《ぎょく》」のような存在、それが「3の人」です。

12の数字のなかではもっとも運に恵まれています。どんなときも、自分の運のよさを信じていてください。

「3の人」は今回、「ご褒美の人生」を送るためにこの世に生まれてきたといっていいでしょう。

持って生まれた才能

才能に恵まれています。それは音楽、体育、語学などに発揮されることが多いようですが、ほかのどんなジャンルでも突き抜けています。ＩＱが非常に高いとか、ある特定の仕事の達人とか。その「突き抜け方」こそが、〈3の人〉の特長です。人が努力してもどうにも追いつけないもの、それをあなたは持っています。あなたになって、天才の気持ちを体験してみたいと思っている人がたくさんいるはずです。

世界中を飛び回る

「未知なるもの」に突撃していく力にあふれています。衝動で動いているわりに、本人も驚くぐらいの、ものすごく大きなことを成し遂げてしまったりします。

あとさき考えずに世界に飛び出して、グローバル企業の社長になってしまう人もいます。才能を運の強さが助ける、というのが〔3の人〕なのです。

応援され、助けられる人生

〔3の人〕は自由すぎて、常識やルールから逸脱してしまうこともあります。時間を守らなかったり、ひとつのワードに反応して急に怒りだしたり、すぐにケロッとしたり。まわりを振り回すことも多い人です。

でもなぜか〔3の人〕の周囲には、無条件であなたを大切にし、その才能を伸ばそうとする人がいます。ピンチのときはもちろん、日常的に助けてくれる人があなたのまわりにいませんか？　上司とか、会社の社長とか、年上の人とか。助ける理由は「かわいいから」。それだけです。

あなたの存在を言葉にするならば「徳」とか「福」ということになるのでしょうか。〔3の人〕にはそういう「生まれ持っての福」が備わっているのです。

好きなことにはすばらしい集中力を発揮

集中力がスゴイ人です。好きなこととなるとガーッと集中して一気に邁進します。

スピード感があります。

ただこの集中力は、好きなこと以外には発揮されません。

とにかく「好きなこと」「興味があること」を追求しましょう。〔3の人〕にとって、好きではないことや興味がないことをやるのは、無意味というしかありません。

天真爛漫で無邪気な子ども

何歳であろうと、男性であろうと、女性であろうと、「無邪気で気まぐれな子ども」のような存在です。とにかく、かわいい人、かわいげがある人なのです。

その天真爛漫さと自由さで、人に愛され、かわいがられます。

どんなことがあっても、くよくよしません。さっきまで落ち込んでいたと思ったら、すっかり気分を切り替えて、ニコニコとしている。

ちょっとぐらい失敗したって、叱られたってびくともしない。基本的に他人を気にしないんです。「きっと大丈夫」。そう思っているはずです。

みんな大好き人気者

友だちの多い人です。いっしょにいるだけで楽しいし、あなたがいるだけでまわりが明るくなるから、人が寄ってきます。

〈1の人〉も人気があるのですが、「信頼してついていこう」というのがその理由。〈3の人〉は、「いっしょにいると楽しい」「この人といっしょにいたら何かが起こる。ワクワク！」というように、友だちと楽しいことをシェアします。

どんな場所でも、決してひとりぼっちになんかなりません。あなたはみんなの「希望」です。

3
THREE

3の大切なこと

人生を思いきり楽しみ、苦労は避ける

苦労してはいけない

我慢ができません。イヤなことはしたくない人です。いわゆる「空気を読む」なんてことも苦手。

世の中の常識では、「我慢しない」「イヤなことを避ける」ことは、「マイナスなこと」に思われがちですが、〔3の人〕に限ってはまったくそんなことはありません。

とにかくやりたいことをやってください。常識とかルールに縛られず、自由に生きることで〔3の人〕の人生は輝きます。我慢をすると運が逃げます。違和感を覚える事柄や相性の悪い人からは、すっと離れるようにしましょう。

「結婚しなくてはいけない」とか「社会的ステイタスの高い仕事をしなくてはいけない」などという、世間の価値観にもとらわれる必要はありません。

衝動を抑えない

恵まれた人生、ご褒美の人生といわれてもピンとこない人もいるかもしれません。

いま幸せではないという人は、私からすると「ただ、気づいていない」だけ。

前回の『自分を知る本』を出したあと、多くの〈3の人〉が鑑定に来てくださいました。みなさん口々に「運がいいとは思わない」と言います。

でも、具体的な話をしながら「そのとき助かったのはあなただけでは？」とか「なぜその人はそう言ってくれたんでしょうね」と聞いていくと、「あ、私だけが助かった」「上司に特別にかわいがられていたんですね」と納得してもらえます。気づくだけですごく簡単に幸せになれる人です。

〈3の人〉の持って生まれた素質を生かしさえすれば、必ず人生はいい方向にいくはずです。それにはコツがあります。

衝動を抑えないこと。

ただそれだけです。

やりたいときに、すぐやる。

3
THREE

行きたい場所にすぐ行く。

ケガにだけは注意してください。それから体力には限界があることも忘れないようにしましょう。

3の仕事

やりたいことさえやれば、そこに道が開ける！

「ワクワク感」がもっとも大事

「できること」と「できないこと」の差が激しい人です。できないことは徹底してできなかったりします。そして、「やりたいこと」＝「できること」のはずです。

もしも、あなたの心のなかに「〇〇したいけど、無理だなあ」という事柄があるとしたら、それを可能にしてください。とりあえずやっちゃってから考えるのです。「できない」という思考を持つこと自体、ものすごいストレスのはずです。「やりたいことができない」というのは、単なる思い込みです。やればいいだけです。

もしもあなたが現在の職業に迷いがあるとしたら、心を静かにして、自分に聞いてみてください。

「いま、目の前の仕事を、心からやりたい！と思えるか」

「いまの仕事に、ワクワクしているか」

思えなければ、別の道を探ってみてください。

〈3の人〉は、「楽しくはなさそうだけど、お給料がいいから」「一流企業だから」などという理由で進路を決めないほうがよいのです。あとがつらいし、結局は続きません。社会的ステイタスが低かったとしても、「ワクワクする！」「楽しい！」「やりたい！」の一点だけで決めたほうが成功します。

「声」をあやつる才能

職種でいえば、「声を使う仕事」が向いています。アナウンサー、通訳、ツアーガイドなど。特に通訳がいいと思います。

人にものを教える仕事もおすすめです。〈3の人〉はすごく楽しく教えることができるし、声に説得力があります。あなたの話には、独特なグルーブ感があって、みんな引き込まれます。

芸能人、タレント、プロスポーツ選手など、いわゆる「人気商売」も適職。「人に愛される〈3の人〉」ですから、成功する確率が高いのです。飲食店の経営も、あなた自身に人が集まる「福」があるから、かなり流行るでしょう。

地道にコツコツと積み上げる職人的な仕事よりも、独創性、斬新さ、ひらめきを必要とされる仕事を選びましょう。

会社に勤めるなら……

自由奔放な〈3の人〉は、会社組織には向かないようなイメージがあるかもしれませんが、決してそうではありません。

〈3の人〉で会社員として大成功している人は、たくさんいます。営業成績がトップだとか、思いもかけない発想で大ヒット企画を生み出すとか。

「この商品をどうやって売ろうか？」「この物質に何か使い道があるか？」そんな問いにひらめきで答えていける人なので、アイディアが活かせる仕事だとよいですね。

3
THREE

3の恋愛・結婚

愛されて、かわいがられて、愛が満ちる

独自の好み

女性でも男性でも、太陽のような明るさと華がありますから人気が集まります。しかし「人から告白されて付き合う」恋愛というのはありえません。自分が先に相手を好きになって、そこからすべてがはじまります。受け身ではないのです。

さらに恋愛相手に関しては、少々独自の価値観を発揮します。

美人・イケメンといった、「モテ系」の人には目もくれず、「え、その人なの？」とまわりがちょっと不思議に思うような人を選んだりします。

「人がなんと言おうと好きなものは好き！」なのですね。ひらめき、インスピレーションで、一目惚れすることも多いはずです。その場合でも「だれでもいい」ではなく、「この人じゃなきゃダメ」という恋のしかたです。

情熱が大切！

〈3の人〉の好き嫌いは、

× 説教する人
× 価値観を押しつけてくる人
×「やめなよ」と自分の行動を止める人
○ 自分を持ち上げ肯定してくれる人
○ 自慢できる人（自慢の価値基準は独自のもの・笑）
○「行っておいで」あるいは、「いっしょに行こう」と言ってくれる人
○ 自分をかわいがってくれる人

といった感じです。

相手に大切にされて、かわいがられて、ほめられて、甘やかされたいのです。基本的にわがまま、勝手なので、少々理不尽でもついてきてくれる人を求めます。

パートナーに意見されたり、律せられたりするのは大嫌い。また〈1の人〉のように「いっしょに困難を乗り越えて行こう」などという目的志向でもありません。

付き合っていて、自分自身もワクワクできる相手であることが大切。情熱が冷めたら、いっしょにいる意味はないと一気に距離ができます。毎日会っていたのが、週1回になり、月1回になり、というふうに、はためにもわかりやすいのです。

悪気なく人を怒らせる

〈3の人〉は、パートナーとケンカしたとき、なぜケンカになっているのかが理解できないことがあります。「なんで怒ってるんだろう」「怒りっぽい人なのかな」などと、相手の反応を不思議に思うことはないでしょうか。

あなたに悪気はないのはもちろんなのですが、相手には相手の考え方や別の希望があって、ボタンの掛け違いが起こっていることも多いはずです。

お天気屋、勝手で無邪気、甘えてきたり、急に離れていったり。相手にはあなたの行動が読めないことがあります。

人を怒らせてしまったときは、どこが食い違っているのか整理するといいでしょう。この「食い違い」というのが〈3の人〉の人間関係を語る上でのキーワードです。

悪いと思ったら「ごめんね」「ゆるしてほしい」と素直に謝りましょう。

ゆるされている

私のもとによく鑑定にいらっしゃるのが、〈3の人〉のパートナーの方。「あまりにも勝手で頭にくる」「面倒くさいことを人に押しつける」「子どもじゃないんだから落ち着いてほしい」などの相談が多いのです（笑）。「しょうがないです」というのが私の答えです。相談者の方も「しかたがないなあ」と思っていることがほとんどです。

つまりあなたは、ゆるされているのです。

「大切にされて当たり前」「ゆるされるのがゼロ地点」であるがため、周囲の寛容さに気がつかないことが多いので、たまには思い出してください。

小さきものをいつくしむ

〈3の人〉は子どもが大好き。子どもをすごくかわいがります。「自分より小さいものをかわいがる、愛する」ことで人生の喜びが増すのが、〈3の人〉の大きな特徴です。〈3の人〉が親になったとき、愛情豊かな家庭を築けます。

もちろん子どもでなくても、犬をかわいがるとか、ペットを育てるというのでも

OK。〈3の人〉は「小さな動物」が好きなことが多いです。

「大切にして！」と伝えよう

結婚して数年経つと、相手は空気のような存在に、というのは日本にはありがちなパターンです。

しかし、空気のように扱われた〈3の人〉は、明らかに「電池切れ」します。愛情が足りなくなると、生活全体へのやる気がなくなったり、疲れやすくなったりもします。

そんなときは言っていいのです。「大切にしてほしい」って。パートナーからじゅうぶんにやさしく大切にしてもらって、それで輝く人生なのですから。

家庭の犠牲にならないこと

あなたが相手に尽くし、我慢をして合わせるパターン。これは〈3の人〉にとって「間違った恋愛、結婚」です。

子どもや家族のために自己犠牲を強いられるようなこともダメです。

「お母さんだからこうすべき」といった一般的な常識にとらわれることなく、自分が「我慢してやっている」「無理をしてやっている」という意識があれば、そこから抜け出すべきです。

たとえば無理して早起きしてお弁当をつくるとか、夫の両親の前でがんばるといったようなこと。好きでやっていれば問題ないのですが、自己犠牲の場合はやめてください。お弁当は買えばいいし、いいお嫁さんを演じる必要はないのです。

子どもは仲間

〔3の人〕は子どもが大好きです。ただ、「親として指導」みたいな感じは、あまり得意ではないかもしれません。

「親として」というのを意識すると、「親を演じる」かたちになって、不自然になってしまいます。信念もないのに、子どもを追い立てたり、自分自身が納得していないルールを無理強いしたりすることにもなりかねません。

子どもに対しては、気負わず自然体で「仲間」という感覚で向き合うのがいいのではないでしょうか。「親とはこうである」という固定観念は、〔3の人〕には向いていていません。

子どもから学ぶこともたくさんあるし、子どもに直してほしいこと、言いたいことがあったら「問題をいっしょに考えよう」という接し方をするとうまくいくと思います。

〈3の親〉の最大の利点は、子どもといっしょに喜んで、いっしょに楽しめて、いっしょに泣けること。それは子どもにとってかけがえのない体験となるはずです。

子どもと「仲間」になれる親は、すべての数字のなかで〈3の人〉だけです。

〔3の人〕の特徴いろいろ

喉――歌がすごくうまかったり、声がすごくよかったりします。逆に喉が弱い人もいます。気管支が弱かったり、喉を痛めやすかったりする場合も。日ごろから喉のケアを心がけるといいでしょう。

「やってもらって当たり前」――まわりから応援される人生ですが、時としてまわりの厚意を、「当たり前」のような感覚で受けとめてしまいます。自分が大切にされていることに気づかず、運が悪いと思っている人さえいます。

ラッキーな出来事が起こったとき、ほかの数字の人は「これはだれかのおかげかな」と背景を読むものですが、〔3の人〕は単なる「ラッキー♪」と受けとり、まわりの人の尽力に気がつかないことがあります。そのせいで、感謝の気持ちを持てないことも。

3

THREE

友だちの悩みをスルーしがち――友だちの多い人ですが、共感力に欠けています。

楽しいときはいいのですが、友だちがつらい気分のとき、〈3の人〉は、その人の悩みによりそうことを避けて、「そうなんだ……、じゃあまた今度ね！」みたいな、わりとドライな対応をしてしまうことがあります。他人を軽んじるというより、悩みを直視しないのです。自分の悩みも同様に直視しないところがあります。

うっかりミス――多いです（笑）。忘れ物も多い。不注意によるケガをしがちなので、そこは注意してください。考えごとをしていて意識が飛んだり、集中しすぎてケガをしたりなども、〈3の人〉の特徴です。

学習しない人――同じ過ちを繰り返したり、経験から学ばなかったりします。人から助言を受けても、実際に痛い目にあわないと気づかなかったり……。

「待って」と言われると怒る――〈3の人〉をあらわすキーワードは、ずばり「衝動」の2文字。「やりたいと思ったことを、いま、いますぐやりたい」人なのです。

「やりたい！」という衝動に駆られているときに、「ちょっと待って！」と言われるとかなりのストレスがかかり、それが怒りに変わります。その怒りは人からは理解できないような、強い怒りであったりイライラだったりします。

この怒りやイライラは、〈3の人〉にとっては体調を崩すほどのインパクトを与えます。健康のためにも、ぜひ怒りをそらすようなテクニックを身につけてください。

我慢すると体調を崩す――〈3の人〉は我慢ができない、我慢が苦手な人だと述べましたが、その〈3の人〉が「我慢」をしてしまうと、ストレスがたまって体に出てしまうことになりかねません。

〈3の人〉は自分のやりたいことをやってストレスをためないことが何より大事です。でも〈3の人〉は「自分は大丈夫」と健康について過信しがちなんですよね……。健康で長寿を得るためにも、「我慢は禁物」と心がけてください！　電池が切れるまで動いちゃうのもダメですよ。

3

THREE

知らない場所が得意――未知の場所でも自分のペースでぐんぐん動けます。旅に出ると生き返ったような心持ちがすることでしょう。

音楽とダンス――ノリ、リズム、グルーブ感といったものが体のなかにある人。音楽、ダンスを愛します。

気前のいい人――物に執着がありません。いいものを見つけたら、すぐに人にプレゼントします。「こんないいもの見つけたの！」と、楽しい気持ちを相手と共有したいのです。損得勘定はありません。自分がプレゼントをもらったときも、嬉しければ素直に「ありがとう！」と感謝するけど、意に沿わないとそっけないかも。

気が変わりやすい――ころころと気が変わります。それは瞬間瞬間を生きているから。数秒前のことは、もう遥か彼方に去っているのです。

自分に言ってほしい言葉

「人のために生きちゃダメ」

大人としてのそつのない人間関係を維持したり、常識に沿って行動するのは、あなたにとって時として難しいかもしれません。あなたが無理をするとき、それはだれか大切な人のためだったりします。でも無理をしなくていいんです。１００％自分だけのために生きることがゆるされる、特別な人なのです。

「不安があって当たり前」

勝手気ままに生きているあなたですが、ごくたまに不安になるときがあります。「自分はこれからどうなってしまうんだろう」という不安です。それは、〔３の人〕特有の、地球に根差していないような、ふわふわとした感覚からくる不安です。でも大丈夫。あなたの不安は「たまに」だけど、ほかの数字の人はもっと不安なのです（笑）。突き動かされる衝動のまま、生きていってください。

「今日はさぼって寝よう！」

あなたはエネルギーを使い切るまで動きます。疲れに気づかないかもしれません。でも、それはダメです。エネルギーは無限ではありません。ちゃんとチャージをして満タンになってから、また動きましょう。体は大切です。自分に体があることを忘れないでください。

他人に言ってほしい言葉

「私って勝手ですか？」

たまに聞いてみてください。〈3の人〉のなかでは自然な行動も、人にはワガママに映っているかもしれません。あなたには全然悪気がないのですから、怖がらないで聞いてみましょう。

そして勝手だと言われたら直せばいいじゃないですか。あなたなら人からの助言を受け入れ、ダメ出しされたところを改善する力があります。すごく素直で素敵なところです。

「嬉しい！　楽しい！」

あなたにそう言われた人は本当に嬉しいです。だってあなたってかわいいんですもの。年齢とか性別とかは関係ないんですよ。あなたは本当にいてくれるだけでみんなが嬉しくなるような人なんです。そんなあなたが喜んでくれていると思えば、みんなが幸せになれるんですよ。

「あなたのいいところは〇〇ですね」

純粋な心を持つあなたの言葉には人の心を射貫く力があります。あなたにほめてもらえたら、だれでもすごく自信を持てるでしょう。あなたの発する声にはほかの人にはない重みがあるのです。声に出してほめることを大切にしてくださいね。

FOUR

KEY WORD

誠実、まじめ、有能、ルールを守る、
先が見えないと動けない、変化に弱い、倫理的、
意志が固い、頭脳明晰、危機管理能力が高い、金運がある

4の本質

目的志向の強い頭脳派

聡明にして誠実、「結果」を出す人

誠実でまじめな人です。

曲がったことや、人の道からはずれたことが大嫌いな「正義の人」。常識的でルールを守ることに意義があると考えます。

いわゆる「できる女」「できる男」です。

頭脳明晰で意志が固く、物事の優先順位や重要度がわかっているので、どんな仕事でも結果を出していきます。

「合理的なルート」で成功に向かう

いかに「合理的なルート」で成功できるかをいつも考えています。

〈4の人〉にとって大切なことは「把握」すること。全体を把握し、先がスッキリ見通せてはじめて動きだすことができます。

自分で決めて、納得してから動きたい人です。

自分が何をするべきなのか、その先にはどんな成功や成果が待っているのか見渡せてさえいれば、すばらしい能力を発揮します。

だから〈4の人〉は「急な予定の変更」が少々苦手です。

たとえば、趣味の仲間で、あるイベントに向かっていたけれど、途中で別のイベントをやっていたので、「そこもちょっとのぞいていこうか」という話になったとき。

ほかの数字の人は「それも楽しそう」とワクワクしますが、〈4の人〉は「これは本来目的としていたイベントではないのに」「予定が狂う」という気持ちになります。

旅行もきちんと下調べをして、スケジュールをしっかり組んで出かけるタイプ。

〈3の人〉や〈5の人〉など、「旅行は先が見えないからおもしろい」といって、フリー

4

FOUR

プランで出かける数字の人もいますが、〔4の人〕にとっては不安要素が多すぎて、じゅうぶんに楽しめません。

強いナビゲーター

〔4の人〕は常に「正しいこと」を言います。自分の利害を排して、冷静に意見を述べられる人なのです。ですから「みんなの御意見番」的存在です。みんながあなたの意見を聞きたがることでしょう。

説得力のある説明ができるし、まわりのみんなが安心できます。思い込むとそれしか見えなくなるという側面もありますが、「ブレない」という点で、人々の信頼を得ることのできるナビゲーターです。

危機管理能力バツグン!

慎重で、思慮深く、分析力があります。リスクマネジメント力は12の数字のなかでピカイチです。計画を立て、あらゆる可能性を予測し、備えるという能力に長けているのです。

いままでの人生において、この能力で「事なきを得た」という経験があるのではないでしょうか？

すぐには伝わらない秘めたやさしさ

まじめで少々お固いイメージのある〔4の人〕。とっつきにくい感じがすることもあります。でもその内面は誠意と真心にあふれた、心やさしい人です。かげながら人を心配し、思いやる心を持っています。

ただ、態度がやわらかいわけではないので、そのやさしさが一見わかりづらいのです。まわりの人は、「付き合ってはじめて」あなたのやさしさに気がつくはずです。

あなたのやさしい心を伝えるには、意識的に人をほめるとよいでしょう。お世辞を言う必要はありません。本心で思っていることを、照れずに言葉に出してみましょう。

4

FOUR

4の大切なこと

ルール、お金、「砦のなかの人」

ルールを重んじる

一般常識、社会性、マナーをとても大切にします。

時間に遅れない、約束を守る、順番を守る、ゴミはゴミ箱に捨てるなど、基本的なルールを重んじるため、それが破られてしまうと、気持ちが波立ち、腹を立てます。

〔4の人〕は、遅刻、割り込み、ポイ捨て、〆切破りなど、ほかの数字の人にとっては「たいしたことない」と思われてしまうところに怒りポイントがあるのです。

優れた金銭感覚

〔4の人〕にとってお金は「保険」。危機管理能力の高い人ですから、何かあったときのために必要なものをきちんと備えておきたいと考えます。

特に使う目的がなくても、単に貯めることが好きだったりもします（笑）。金銭感覚はもちろんしっかりしていて、むだづかいは大嫌いです。ケチということではなく、お金をつかうときに、「この値段は妥当かどうか」をしっかり考えます。

お金と縁がある

頭がいいし、分析力があるので、投資なども向いています。

「コツコツやって財産が増えていく」というイメージは〈４の人〉の「大好物」です。不安から貯金する人もいる一方で、どこか「人生の最後に財を持っていた人が勝ち」というゲーム感覚でやっているようなところがあります。〈４の人〉は、生まれつき財産や不動産と相性がいいし、財の神様がついているのです。

もしも〈４の人〉のなかに、「金運が悪い」人がいたら、それはお金に対してマイナスイメージを持っているからかもしれません。「お金に執着するのは下品だ」「お金は汚い」といった思考を持っていたら本当に残念なことです。

「自分はお金が好き、金運がいい」と認めるだけで、お金が入ってくるはずです。

力を発揮するポイント

昇給、資格取得、学歴、昇進、受賞など「わかりやすい指標」を目指し、実際に手にする人です。

だれが見ても、だれが聞いても、「すごい」と認めてもらえる価値、というのがポイント。見る人の価値観によって評価がころころと変わる主観的なものより、目に見える物質的なものや、「はかることのできる」能力に信頼を寄せるのです。それは、潜在的な安定志向によるものでしょう。

何かに取り組むときは、明確な目標を立てると、ワクワクしながらがんばれますし、達成するためのがんばりが〈4の人〉の生きる活力となります。

少数の人と深く、じっくり付き合う

対人関係については、「外」と「内」という意識がある人が多いようです。

自分を守る固い「砦《とりで》」があり、そう簡単に人を寄せつけないところがあります。

「広く浅く」付き合うタイプではありません。自分が心をゆるした少数の人〈砦のなかの人〉と、じっくり深く交友関係を結びます。

砦のなかに入ってきた人たちは「仲間」と承認し、すごく大事にするし、「仲間」に対してのみ、〈4の人〉のやさしさ、心の温かさを全開にします。

〈4の人〉の砦に入れる人は、「価値観」が自分と同じであること。お互いの意見に共感し合える相手が、安心できる相手です。

「価値観が違う人とも率直に意見を言い合って、時には反論もして切磋琢磨し合う関係」が最良と考える数字の人もいますが（特に1、11、22の人）、〈4の人〉はそういう関係は苦手かもしれません。

ガラガラ閉店

相手と意見が合わないとき、もしくは少し批判的なことを言われたとき、ガラガラと心のシャッターを下ろしてしまいます。貝のように心を閉ざしてしまうのです。

仕事においては、合理的ゆえに、批判的意見も聞き入れるのですが、情がからむとそうはいきません。

シャッターを下ろしてしまうのは、不安や恐れからくるものです。

4
FOUR

どこかで自分が脅かされるのではないかという、漠然とした不安や焦燥感を持っているところがあります。

でも、たとえ〔4の人〕が「砦」を築いていたとしても、あなたを尊敬して友だちになりたい人は、あなたの思う以上にまわりにたくさんいるはずです。

時には、オープンマインドで広くまわりを見渡してみてください。

砦のなかに入れる「仲間」を増やすことは、あなたの心と人生を必ず豊かにしてくれます。

4の仕事

高いプロ意識を持ち、結果を出す「仕事人」

「この人に任せておけば大丈夫」

仕事を確実にこなしていく力があります。時間を守るし、クオリティも高い。「4の人」が仕事をする際、原動力になっているのは、自己実現ではなく「プロ意識」。「お金をもらっている以上、仕事とは完璧に仕上げるもの」という、ゆるぎないプロ意識があり、どんな仕事をしていてもその道の「プロフェッショナル」を目指して邁進します。

あなたと仕事をする人は、必ずこう思います。「この人に任せておけば大丈夫、安心だ」。

4
FOUR

継続的に結果を出す

確実に計画を立て、コツコツ積み重ねます。誠実でルールを守る人ですから、結果を出します。質の高いルーティンを安定的にこなすような職人的な仕事がもっとも向いています。

組織においても、経理や管理などの要《かなめ》の部署、「土台となる部分」を受け持っていることが多いはずです。あなたがいないと仕事が回らず、会社は困ってしまうでしょう。

職種ではなく裁量

どんな職種でも、ある程度任せてもらって、ひとりでできる仕事が合っています。ひとつのプロジェクトに数人で取り組んだとしても、「ここはあなたの受け持ちです」と分担をはっきりさせ、自分のぶんをきっちりこなす感じです。

自分のペースというのが大事です。せかされるのが何より苦手。人に振り回されるのも大嫌いです。

なぜならば〔4の人〕にとって、自分でロードマップを描き、達成するということが重要だから。自分のなかで完結していないと、「やりきった」という達成感が持てません。

ですから、ある程度「自分で決められる」ことが多くないとストレスがたまります。自分で手順や段取りを考え、進行をコントロールできる仕事を受け持ちましょう。

もちろん、能力が高いので人の指示によって動く仕事もソツなくこなすでしょうが、それでは〔4の人〕の危機管理能力、優れた計画性、完璧なロードマップを描く、という特性がじゅうぶんに生かせません。

4

FOUR

4の恋愛・結婚

じっくり考え、尊重できる相手を選ぶ

「できる人」が好き

仕事のできる人、能力の高い人を好きになります。

恋愛においても「できる人」とパートナーシップを組みたいと考えるところがあるのです。頭がよくて、自分の言ったことをパッと理解してくれるような、冴えた人に恋をするでしょう。

浮気は断固NG！

倫理的な生き方に重きを置く〈4の人〉にとって、浮気はタブー。ありえないこと。浮気をするような人は大嫌いだし、そもそも付き合いません。

たとえば〈1の人〉が浮気をしない理由は相手を愛しているから。〈4の人〉は、

筋が通らないから。「ルールを破る＝自分の安定を脅かす」ことなので、大激怒します。

もちろんほとんどの人は自分も浮気をしません。しかし、自分なりに筋が通っている、と思い込んだときは浮気をすることも。「家庭を壊さないから○」「自分は稼いでいるからよい」といったように、はたから見ると勝手なロジックに思えても、自分なりの筋が通っていればそれはそれで、ありだったりするのです。

建設的な結婚

〈4の人〉が結婚して、夫婦、家族というユニットをつくる意義は安定にあります。

さらに、いっしょにいることで高め合える人、知的刺激を与え合える人と結婚したいと考えます。

恋に落ちて、一時の衝動で突っ走って結婚……などということは、まずないです。

自分の人生における一大事ですから、じっくり考えて、そして間違いのない結論を出します。〈4の人〉にとって間違いのない結論とは、破たんしない、離婚にならない、人生を安定させる結婚のことです。

4

FOUR

家族は「守るべき」存在

家族を守ろうという責任感の強い人です。自分でつくる「ユニット」としての家族を何より大事にするのです。

家族は夫として妻として、父として母として、一生堅持すべきもの。こうあるべきという「型」を自分のなかでしっかり持っています。

子どもに対しても「守ろう」という意識が強いです。それが強すぎて時に支配的になることもあるけれど、言っていることは間違ってはいません。

子育て方針は「信念」にもとづいています。一度決めた信念は揺らぐことがありません。たとえば、放任主義の子育てであっても、「自由奔放に育てる」という明確な信念があるのが、〈4の親〉なのです。

家庭人としても完璧

〈4の人〉のプロフェッショナルな特性は家庭においても存分に発揮されます。

専業主婦（主夫）だとしたら、栄養たっぷりのおいしいご飯、ピンとしわの伸びた洗濯物、掃除の行き届いた室内など、主婦（主夫）としてプロを目指します。

家庭外でも、学校ＰＴＡや地域活動など、どんな場所においてもきっちりした仕事ぶりが評価され、重要視される人です。

一度砦のなかに入れたら大事にする

前述したように、自らの砦の内と外を区別する〔４の人〕。恋愛においても同じです。一度砦に入れた人は、「身内」としてとても大切に扱います。一度ほれ込んだらＯＫなのです。

〔４の人〕同士は志向が同じなので非常に相性がいいようです。

〔11の人〕とも合います。〔４の人〕が〔11の人〕を尊敬できるからです。

ほかにも、頼もしい〔１の人〕、気持ちをわかってくれて話を聞いてくれる〔９の人〕ともよい関係が築けます。

モテるには……

これまでの数千人に及ぶ鑑定を通して私なりの「モテ」の条件ができました。

4
FOUR

モテる人はどんな人でしょうか。美人？　ハンサム？　やさしい人？　どれも違います。モテる人はずばり「断らない人」。相手に「自分を受け入れてくれそうだな」と思われる「隙がある人」です。これはもう絶対条件！（笑）

〈4の人〉は基本的にきっちりしていて隙がないので、あなたに魅力を感じる人がいたとしても、「高嶺の花」「憧れの存在」のままで終わってしまうことが往々にしてあります。もちろん本人の気づかないところで。

「機嫌が悪い」という印象をもたれがちなのも〈4の人〉。やさしくするのに慣れていないのではないでしょうか。

もしいま現在、「モテていない」「もっとモテたい」というならば、「隙」を見せることがポイントです。隙を見せてくださいね！

婚活アドバイス

そもそも能力の高い〈4の人〉は、結婚相手には自分と同じくらいのスペックを求める傾向にあります。そして、「自分は変わりたくない、でも相手には変わってほしい」という要求をしがち。それはなかなか難しいことです。

もしも、婚活で苦戦しているというならば、「本当にはずせない条件」は何かを考え、見直してみるといいかもしれません。

〔4の人〕の本当にはずせない条件とは、「人生を安定させてくれること」。自分と同じ価値観を持っていて、支え合っていける人を探しましょう。

4

FOUR

〔4の人〕の特徴いろいろ

読書家――本を読むのが好きです。オールジャンルの知識に明るく、情報通です。物語よりも科学的知識に興味を持ちます。会話のなかで豆知識を披露したり、ハウツーに詳しかったりします。

古いものを大切にする――断捨離が苦手です。昔の写真、プレゼント、一度手に入れたものを手放せません。読み終わった本もいつまでも手元に置いておきたいと思います。これも、一度砦のなかに入れたものは、容易に外に出せないという、〔4の人〕の性質ゆえです。

体が固くなるとき――ストレスフルなことが続くと、体が固まってしまうところがあります。肩や首が凝ったり、関節が固くなったり……。リュウマチは〔4の人〕に多い病気といわれています。

また血流が悪くなることから、冷え性の人も多いようです。
心身が疲れたときは、とにかく「ほぐす」ことを積極的に取り入れてみてください。ストレッチをしたりお風呂にゆっくりつかったり。アロマテラピーを日常的に。ひどく疲れたときは温泉旅行がおすすめです。
特に〈４の人〉は「人にさわってもらう」ことで、とても癒されます。マッサージや整体、エステなど、自分に合うものを探すといいでしょう。体がほぐれると心も頭もほぐれます。

ファッションも流されない――おしゃれな人が多いのですが、それも「信念」にもとづいたセンスなのです。いいと思ったら、流行遅れのファッションでも平気です。「流行第一！」という信念だったら、最先端のスタイルで全身をかためます。

森林や公園――草、植物、木、大木に触れていると元気が出てきます。海よりは森。土の湿った感じに癒されるはずです。目をつぶって湿った土のなかに指をつっこんで、自分が植物になったようなイメージをもってみてください。ひたひたとパワーが満ちていくはずです。

先が見えないと不安――自分が何をするべきなのか、その先にはどんな成功や成果が待っているのかわかっていれば、存分に能力を発揮する人です。

逆に、何をしたらいいのか決められないとき、やらなければいけないことに納得がいかないとき、無気力になることがあります。これは能力の高い〔4の人〕にとって、実にもったいないことです。

ルールに縛られたい――何事においてもきっちりしていて常識やルールを重んじる人ですが、ちょっぴり融通の利かない面があります。あなた自身がルールに「縛られたい」んですね。そうなると苦しいのは周囲の人。

確かにあなたの信じるルールや常識はおおよそ正しいのですが、ルールも常識も人の数だけあって、多様性があるということも念頭に置くといいかもしれません。

自分に言ってほしい言葉

「お茶でも飲みますか」

仕事も勉強も人よりできるけれども、なぜか変化に弱い。急な予定変更でパニックになってしまいます。冷静に状況を把握すれば、どんなことでも乗り越えられる能力を持っている〔4の人〕。急な変更でパニックになったときは、お茶をいれて1時間何もしない。1回休む、1回手放すといいでしょう。

「ダメならやめればいいし」

先が見えないことに人一倍敏感なあなたは、着地点の目途が立つまで動きだせません。でもそれはもったいない！「ダメならやめればいい」のですから、とりあえずはじめてみませんか。継続するのはあなたの得意分野だから。はじめさえすればおのずと着地点も見えてきてそれがルーティンになるのです。

「規則は自分のなかにしかない」

規則なんて破っちゃっても大丈夫ですよ。良い悪いは結局あなた自身のなかにあるのです。「しなければならない」と思い込んでいるのなら、その枠をはずしましょう。〈4の人〉ならば善悪の判断ができます。ルールをどんどん刷新してください。

他人に言ってほしい言葉

「いいと思うよ！」

あなたは厳しい人です。自分にも他人にも厳しい。自分の感情は腹の底にしまってあります。人をほめることがあまり得意ではないんですね。ほめることにロックがかかっているようなところがあります。気軽にほめてみてください。心はいりません。とりあえず形から入ってほしいのです。なぜなら、他人をほめることが当たり前になると〈4の人〉の人生がぐっとよくなるからです。

「もっと話を聞かせて！　聞きたい！」

周囲の人にバリアを張っているような印象を与えているかもしれません。せっかくの誠実さやまじめさが「頑固」に見えていたら残念です。相手の話を聞きたい！という姿勢を見せるだけで、誤解はすぐにとけるはずです。

「不安なんです」

これはあなたの核になるようなウイークポイントですね。そしてその不安さを伝えることが何よりも苦手。だれか信頼できる人に自分の不安を打ち明けてみましょう。「受援力」という言葉があります。「人に助けてもらう能力」のことですが、これは人生を生き抜く上でとても大事な力。

「人に助けてもらうなんて無理！」と〈４の人〉は考えがちですが、自分が頼れば、相手も自分を頼ってくるのです。「受け取る」ことも大事ですよ。まずは自分の不安を相手に見せる。「オープンマインド」になれた〈４の人〉の目の前には、すばらしい人生が待っています。

FIVE

5

KEY WORD

五感が鋭い、人なつこい、頭の回転が速い、みんなのアイドル、カッコイイ、セクシー、芸術的センス、多情、フィジカル、明るい、お酒、旬・流行

5の本質

会った人がファンになる、キラキラな魅力にあふれる

「素敵！」と思われる人

第一印象は「素敵！」。見た瞬間、人を惹きつける華やかさを持っている人です。

目を引くファッションセンス、気の利いたセリフ、人なつっこい瞳……。いつでもどこでもみんなの憧れの的になるはずです。

とてもアクティブでいつも何か楽しいことを考えています。

自分が楽しむだけではなく、あなたが存在する

ことで、まわりの人も楽しくなります。みんなで楽しいことをするとき、あなたはなくてはならない存在です。

楽しく生きることが苦手な数字の人もいるなか、あなたの生き方をまねする人、まねしたがる人はたくさんいるはずです。

モテモテな人生

女性でも男性でも、会ったとたんに「うわ〜、何か気になる！」とだれもが思わず魅了されるものをあなたは持っています。

これは大変なギフトといっていいでしょう。老若男女を問わず、だれにとってもあなたは魅力的に映るはずです。

あなたを花にたとえるなら、肉厚で芳香が強めのユリやプルメリア。肉感的でエロスが感じられる花です。

その花は死ぬまで枯れることなく美しく咲き続け、人を魅了し続けます。

5 FIVE

天性の勘のよさ

野性の勘、天性の勘のよさを持った人。いつもアンテナが立っていて、センサーが敏感に働きます。そのセンサーは「これからおもしろいことになりそうだ！」「自分に気がありそうだ！」といったポジティブな要素をキャッチするものです。

頭の回転がよく、自分の置かれている状況がよく見えています。そして何をすべきかを瞬時に察することができます。

新鮮なものをキャッチする力

キラキラしたものが好きです。

いつも新しい何かを見つけています。

アート、ファッション、文学、ＩＴなど、さまざまなジャンルでたぐいまれなセンスを発揮します。そしてセンスのよさを自覚しているはずです。

6もセンスのいい数字といわれていますが、〈6の人〉のセンスが伝統芸能だとすると、〈5の人〉は現代美術。6が美的センスなら、5はおもしろセンス。新しくて、とがっていて、ひねりがきいている。そんなものをいち早くキャッチします。

時代を先取りできる理由は、「体で生きている」から。フィジカルが鋭いんです。五感のすべてを使って、旬をつかまえるような、そんなイメージです。

もうひとつの顔

人気者で自由を愛するつややかな雰囲気が〈5の人〉の表の顔だとしたら、隠された素顔はナイーブで繊細。実はガラスのハートの持ち主なのです。

「他人にスルーされ、自分がカッコ悪い」という状況にものすごくダメージを受けます。

〈5の人〉がとがった格好をしたり、おもしろい表現活動をするのは、自己満足のためではありません。他人にウケてこそ、なのです。ウケないと落ち込みます。一度落ち込むと、なかなか浮上できません。病気をした猫のように引きこもります。しかもまわりの人にはわかりにくいやり方で落ち込むのです。

立ち直るためには人と触れ合うことが有効です。そして汗をかくこと。社交ダンス、格闘技、テニスやバスケなどは、〈5の人〉の心の回復に有効です。だれかといっしょに辛いものをフーフー言いながら食べるのもいいでしょう。もちろんセックスも○。人と肉体的な触れ合いをすることが大事です。

なぜ人はあなたにキツイ言葉を向けるのか

内面の繊細さをなかなか人に理解してもらえなくて、時として「気にしない人」「ズケズケいっても傷つかない人」と思われてしまうことがあります。

なかにはあなたにトゲのある言葉を投げてくる人がいるかもしれません。

〈5の人〉はみんなにちやほやされているし、明るくて華やかだから、「そのぐらい言っても平気でしょう」と思われてしまっているのです。

でもそれは間違いです。

〈5の人〉が明るく人気者なのは、繊細な心を持ち、人の目をちゃんと意識しているからなのです。

5の大切なこと

欲望に忠実に、華やかに生きる

生きる力の源泉は「カッコイイこと」

〈5の人〉は生まれながらにして「カッコイイ」「魅力的」という要素を持っています。

そのカッコよさは、草原に佇むライオンのように「生き物として」カッコイイという意味です。動物として優秀なのです。

〈5の人〉自身も「カッコよく生きたい」と思っています。それが〈5の人〉の人生における、とても重要なテーマといってもいいでしょう。

肉食上等！

セクシャル、エロスということに関心が向きます。

男女問わず、セックスアピールもかなりあります。

ハンターのように常に獲物を探していて、気に入った人がいると「いますぐ、この人をパクっと食べちゃいたい」と考えます。肉食派です。

動物界ではエリートなのですが、肉食ゆえに人間社会においては、少ししんどいシーンがあるかもしれません。どうしても野生の部分が出ちゃうんですね。

でも、〔5の人〕ほど生命エネルギーにあふれた人はいません。「生きる気満々」というオーラに、まわりの人はそわそわとしてしまうはずです。

「潤い」が大切

イメージの上でも、実際にも「潤い」のある人。

肌も髪もつやつやで、だれでもあなたの手や頬に思わずちょっと触れてみたくなってしまいます。

〔5の人〕が本来の調子ではなくなるとき、「パッサパサ」に乾燥してきます。

本来、キラキラであるべき〔5の人〕が、乾燥していてはダメです。「潤い」をチャージしましょう。

チャージといっても、化粧水をはたくなど、外から入れるのでは効果がありません。

内側からアドレナリンを出して潤わせるのです。

前述した通り、「人といっしょに、汗をかく」というのがポイント。友だちといっしょにスポーツをしたり、マッサージをしてもらったり。恋愛ドラマで疑似恋愛して心を潤わせるのもおすすめです。

美しい音楽、体に響くビート、かぐわしい香り、冷たいビール、まぶしい太陽、気持ちのよいシーツ。このように五感を楽しませることで、〈5の人〉の心身の状態が向上し、身も心も潤ってくるはずです。

自由に生きてこそ、真価が発揮される

〈5の人〉は勘がよいため、イヤなことをうまくかわすことができます。その意味では生きる力が備わっています。

「苦しいことも我慢して努力しなければいけない」「倫理的に生きなければならない」といった既成の価値観に縛られる必要なんてありません。

〈5の人〉が、「こうあるべき」という「べき思考」にとらわれると、ただただ苦しいだけです。「はじめに」で述べた「ツバメに泳げ」と言っているのと同じことになっ

てしまいます。

自分の欲望を解放して、心地いいこと、楽しい、快いと思えることを追求して大丈夫。あなたを縛る観念や常識にとらわれず、思い通りに生きることによって、あなたの人生はますます輝いて、本当にいいものになります。

もしかしたら〈5の人〉は、日本社会で生きていくのは、ちょっと窮屈かもしれません。いわゆるラテン系というか、自分の欲望に忠実に、ガンガン肉食系で攻めて、笑って楽しく生きることが〈5の人〉の魂の志向ですから。

「こうあるべき」から自由になる

ここまで読んで、「自分のやりたいこと」を「大人として我慢している」ことに気づいたという人もいるかもしれません。

なぜなら〈5の人〉の自由さを親が恐れるところがあり、子どものころから、「まじめにやりなさい」「時間には遅れない」「勉強しないと成績が落ちるよ」などと親に刷り込まれる人が多いのです。

親から教えられた「こうあるべき」から逸脱してしまうと〈5の人〉はたいてい

社会常識から逸脱します）、自分を「ダメなやつだ」と自己否定したまま、大人になってしまうことがあります。

自己否定感の強い〈5の人〉は、輝きを失って「パッサパサ」になります。

だれかが決めた「常識」や「こうあるべき」を一度おいて、自分が本当に求めているものはなんなのか、考え直してみてください。

自分の人生なのですから、自分の思い通りに、楽しく生きていいのです。

楽しく生きるといっても、別に大きなこと、たいそうなことをはじめる必要はありません。ささやかな行動で五感を満たしていくだけでＯＫです。

「何をすれば、私の体が喜ぶかな？」

そう考えることが、幸せへの第一歩です。

5

FIVE

5の仕事

楽しく、カッコよく、バリバリ仕事をして、成果を上げる

仕事選びは「体に合う」かどうか

好きな仕事しかできません。

もしも、いまの仕事が続いているなら、それはあなたに合っている仕事です。

これから就職する人、転職したい人は、収入や安定性などの「条件」ではなく、「体感」を大事にしてみてください。水が合う、体に合うという感覚で仕事を選ぶのです。

活性化させる人

あなたのいちばんの能力は、「活性化させる」こと。同じコミュニケーション能力が高い数字でも、〔9の人〕はじっくり人の話を聞いて場のバランスを取るのが得意です。〔5の人〕は停滞している場に刺激を与え、反応を活発にするのです。たとえば、

営業担当としてクライアントを訪問すると、みんなが、「あの人が来ると楽しいよね！」と歓迎してくれるはずです。それはあなたの「活性化スキル」のおかげです。場をポジティブに盛り上げるのです。会議でだれかが出したアイディアを、「いいね！すごくいいね！」と盛り上げるのもあなたの役目です。

「カッコイイ自分」というイメージが大事！

さっそうとしたキャリアウーマンとか、トップクラスの営業成績を誇るセールスマンなど、「カッコイイ」というセルフイメージが持てることが重要です。

〈5の人〉にとって、「カッコよさ」の定義とは、高収入とか社会的ステイタスの高さなどではなく、手が届かない存在を追いかけるヒロイックなもの。子どものころに憧れた戦隊ヒーローの主役のような存在に「カッコよさ」を感じ、心をときめかせるのです。

なるべくキラキラした世界へ

コミュニケーション能力がピカイチです。だから営業や接客、広報など人と接する仕事に向いています。キラキラしていて、華のある人ですので、芸能界のようなきらびやかな世界でも通用します。

自分の立ち位置、相手に何を望まれているのかを、瞬時に把握する力があります。

センサーが鋭いので、目の前の人のほしいと思うものが、ピッとわかるのです。

時代を読む力もあり、その時代、その瞬間に「いちばん合ったもの」を選びだします。「相場」「投資」にも強いです。

クリエイティブな仕事――デザインや設計、企画・商品開発などにおいては、おおいに才能を発揮できます。ただし、ひとりでこもって孤独に作業する仕事は向きません。作家よりも脚本家、イラストレーターよりデザイナーが向いています。人に囲まれて、人がいっぱいいる場で、人といっしょにする仕事に進んでください。職場や取引先に恋愛対象になる人がいると、〈5の人〉はいきいきと働くことができます。

どんな人ともうまくやれますが、分析力のある〈7の人〉、言われたことを確実に実行してくれる〈4の人〉、調整能力のある〈9の人〉がまわりにいると、〈5の人〉の仕事が成功します。

「コスプレ好き」を仕事に生かす

〔5の人〕はコスプレが好き。キャビンアテンダント、医師、テーマパークのキャスト、舞妓さん、ホテルマンなど、「制服のある仕事」は、ワクワクできます。「イケてる制服に身をつつんで仕事をするカッコイイ自分」というのが、〔5の人〕には最高のモチベーションとなるからです。イメージに後押しされていい仕事をします。

〔5の人〕の部下は幸せ

上に立つ場合は、上司と部下という関係性を意識するのではなく、「仲間」「チーム」と考えて同じ目線で、いっしょに考えていっしょに行動するという感覚でやるとうまくいくと思います。

「活性化させる」というあなたの特質は、上の立場になると、部下をほめまくってモチベーションを上げる、という行動となってあらわれます。あなたの部下は、幸せです。

5

FIVE

5の恋愛・結婚

ラブライフを満喫しよう！

天性の「モテ」体質

生まれつき「色気」「エロス」が備わっています。あなたと付き合いたいという人は、いっぱいいるはずです。相手の求めているものがピンときて、それを提供するサービス精神もあるので、みんなあなたの虜《とりこ》になってしまいます。

気に入った人に対しては自分からアプローチするでしょう。「どうせオレ（私）のこと好きなんだろう！」という自信たっぷりの口説き方をします（意外と空振りもします・笑）。

好みにはそれほどうるさくなくて、いろんな人と「うまく遊ぶ」のが上手。気に入っている人とお酒を飲みに行って、ギリギリのところで楽しむ感じです。

恋多き女・恋多き男

人をすぐ気に入るし、飽きるのも早い。ズバリいえば、浮気性（笑）。そもそもセクシャルなハードルが低いんです。イタリア男の「女と会って、口説かないのはマナー違反でしょ⁉」という感覚に近いのが〈5の人〉。自由恋愛を楽しむ人も多いようです。

いつまでも変わらぬ「恋愛体質」

〈5の人〉の人生には恋愛の要素が不可欠です。それは20代であろうと80代であろうと、未婚であろうと既婚であろうと同じ。恋愛こそが〈5の人〉の生きるエネルギーなのです。

もしも、「恋愛大好き」に見えない〈5の人〉がいたら、二面性を隠し持っているかもしれません。昼の顔と夜の顔が違う、といったように……。

〈5の人〉は心を「恋する気持ち」で満たすと、潤いが続きます。

身近な人と恋愛していなくても、恋愛映画やドラマを見る、自分の恋バナを友だちに話す、ということでもＯＫ。次に恋に落ちたときのために、セクシーな下着を買いに行くというのもおすすめです。

あなたは生き物として上等なんです。枯れることはありません。

年をとっても近所の女性にお花をあげたり、公園デートをしていたり、いくつになっても〔5の人〕はつやっぽさを保っていられます。

夫婦仲を持続する秘訣

〔5の人〕の結婚は、ほかの数字のように「条件」は関係ありません。「この女」「この男」が好きだから結婚する、という感覚です。結婚しても「女性（男性）として見られる」ことを切望します。

夫婦仲を持続させるためには、いつまでも男と女の関係でいること。日本によくありがちな、「お父さん」「お母さん」と呼び合うようになってしまうのはNGです。「おじいちゃん」「おばあちゃん」なんてもっとダメ（笑）。何歳であっても名前で呼び合いましょう。

子育て中でもふたりっきりでデートし、いっしょに「飲む」「食う」（いずれも夜に）ことです。スキンシップは超大事です。手をつなぐ、キス、ハグを1日に何度もする関係でいてください。

子どもといっしょに楽しめる人

親としては「親とはこういうものである」という「べき思考」にはまらないほうがうまくいきます。道理のわかった親として、上から目線で諭すのではなく、子どもと同じ立場、同じ目線に立って、乗り越えていくのがいいと思います。

どんなときも無理は禁物。家事など「やるべきこと」に振り回されないで、楽しいほうへ楽しいほうへと、動きましょう。

楽しさとゆるさ優先、いいかげんでいいのです。たとえば遊びに出かけるとき、9時に出る予定が大幅に遅れてしまったとしても、「10時になっちゃったね、まあいっか！」とニコニコしていればいいのです。

それから子育てにはさまざまな問題や悩みが降りかかるものですが、難しい局面に相対すると、「任せたから」と言って人に投げてしまうところがあります。

逃げるのは〈5の人〉の特性なので、しょうがないんです。それを考えると、パートナーは責任感の強い人がいいかもしれません。

5
FIVE

また、〔5の人〕はどうしても感情的になってしまうので、子どもを叱るのは〔5の人〕の役目とせず、人に任せたほうがうまくいきます。

パートナーは体力のある人を

生きるエネルギーにあふれた〔5の人〕は、相手もやっぱり精力的でパワフルな人がいいようです。体力がなくて「疲れた、疲れた」と言っているような人はパートナーとして物足りなく感じます。

あなたにベストな相手は、「食べる、飲む」の嗜好が合う人、そしてズバリ、体の相性がいい人。そういう人を選ぶと幸せになれます。

相性がいいのは〔5の人〕同士。勘のいいふたりなので、人生を通してワクワクしながら進んでいけます。ほかには喜怒哀楽がハッキリしている〔1の人〕とは仲間のような夫婦になれるし、暴走したとき穏やかに諭してくれる〔9の人〕もいっしょにいて安心できます。〔6の人〕も情熱的でいいですね。

〔5の人〕の特徴いろいろ

「ノーリアクション」が何よりつらい――〔5の人〕は人から「どう思われているか」をとても気にします。「ノーリアクション」という状況に〔5の人〕はめっぽう弱いのです。みんなが自分に「関心を持っている」ことを求めます。それも、「来て来て！と誘われる」「あなたの登場を待ってくれている」など、目に見えるかたちであらわしてほしいと願います。

「年とるくらいなら死にたい」――加齢とともにセックスアピールが落ち、人気が落ちるのではないかという不安を抱えている人が多いようです。「年とるなら死んだほうがまし」と、本気で思っている人も。でも、〔5の人〕の人気って一生なくならないのです。ファンが枯渇することはありません。もちろん時代とともに「人気の質」も変化するかもしれません。でもあなたはいつもみんなの中心だし、一生キラキラし続けます。

5

FIVE

「いま」を生きる――刹那的なところがあります。先のことを考えず、パッとお金を使ってしまったり、「いまこの瞬間」の快楽のために、目の前のものにパクッと食いついてしまったり。

ゲテモノOK――好奇心旺盛なので、おもしろい食べ物が好きです。ゲテモノもおもしろければ食べられる！「いろいろ試してみたい！」という気持ちから、ちょっと変態っぽいセックスが好きだったりもします。

憧れられる――「あの人にはなれないけれど、憧れる」。あなたのまわりの人はみんなそう思っています。ファッションにも言動にもちょっとひねりのきいた「破天荒さ」があり、「まねできないけどいいな」と思われるのが〈5の人〉です。

依存体質――つらいことがあると現実から逃げがちです。それが高じて依存症（アルコールやセックス）や、病気になってしまうのが心配です。逃げる理由はたいてい「孤立への恐怖」。周囲のリアクションあっての〔５の人〕ですので、自分が関心をもたれない場にいることができません。逃げるのはＯＫ、逃げていいんです。自分をバックアップしてくれる自分のファンがいっぱいいる場所に活動の場を移すことで、依存をやわらげましょう。お酒に逃げず「人に逃げる」ことを、覚えておいてくださいね。

病院こわい――食欲、性欲、睡眠欲など、体を意識して生きているので、体調が悪いことを極端に恐れます。だから病院が超苦手。逆に不安から病院ばかり行く人も。

願いは欲望と紐づけする――かなえたい願いがあるとき、欲望とリンクさせると〔５の人〕の願いは断然かないやすくなります。欲望といっても出世や金儲けではありません。「○○になってモテる！」「△△を手に入れて、○○さんとデートする！」というのが〔５の人〕の欲望。ダイエットしたいときは、エロいことを考えましょう（笑）。

5 FIVE

自分に言ってほしい言葉

「いくつになっても私は大人気」

あなたは老いるのが怖いため、若さに執着してしまいます。でもね、まわりを見てください。モテる人っていうのはいくつになってもモテるんですよ。年齢じゃないんです。あなたは大丈夫。だって〔5の人〕なんですから。

不安になったら、「一生モテるから大丈夫」「魅力は枯れない」とつぶやいてみてください。

「ちゃんとしなくたってイイもん」

親や先生はあなたの自由さを認めてくれましたか？「ちゃんとしなさい！」と叱られていませんでしたか？ どんなに周囲が求めようと「ちゃんとする」必要はありません。あなたは自由に生きるために生まれてきたのです。気楽に楽しく生きましょう！

他人に言ってほしい言葉

「遊びに行こうよ」

あなたは人気者です。あなたの誘いを待っている人がたくさんいます。あなたのひと言でその日1日ハッピーになれちゃう人がいるんですよ。すごいでしょ⁉

「解決はできないかもしれないけど、話は聞くよ」

あなたはコミュニケーション能力が高いので、いつも人の輪の中心にいます。あなたを頼っていろんな人が相談してくるかもしれませんが、そのときひと言「解決できないかも」という言葉を入れてください。相談事を解決するのはほかの人の仕事なんです。あなたは相手の情報を引き出すのが役目。解決はだれかに任せます。それがみんなの幸せ。大きな問題を「軽く扱える」というのも〈5の人〉のワザなので、話を聞いて素直な感想を伝えてみてください。

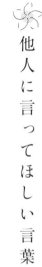

SIX

KEY WORD

かわいい、やさしい、自己評価が低い、人にゆずる心、思いやりがある、上品、ヴィーナス、甘いもの、花、お菓子、やきもち焼き、洗練された雰囲気、お姫様

6の本質

大事にされる姫のような人

やさしく、愛される存在

人の心によりそえるやさしさを持っています。人当たりがいいし、人に対して親切で、助ける能力を持っている人。

だからもちろんみんなに愛されます。あなたのまわりにはいつもあなたの追っかけが大勢いて、みんなに見守られています。

やさしいあなたはどこに行っても歓迎され、大切にされることでしょう。

「6の人」がいる場は、自然と和やかになるから、みんなが集まってくるし、その場の中心でニコニコしている〔6の人〕は幸せそのものです。

逆に〔6の人〕が落ち込んだり悲しんだりすると、まわりの人たちもいっしょにガッカリして悲しい気持ちになってしまいます。

雰囲気とイメージの人

いいイメージ、いい雰囲気のなかに、自分を存在させたい人です。自分の居場所に、「嫌いな人、自分ができない何か、自分ができない何かをうまくやる人、ダサいもの、汚いもの」が存在することを、非常につらく感じます。自分のいる空間は、常に、自分に好意的な人と自分が好きなもので満たしたいのです。

抱きしめたくなるようなかわいらしさ

何歳であろうと、優美で、かわいらしい雰囲気を持った人。
荒々しい、野蛮な行為はしません。
男性や年配の人であってもかわいらしくチャーミングな印象を持つ人が多いので

す。

決して派手で目立つわけではないかもしれないけれど、趣味の良さや品の良さなどがにじみ出る外見をしています。小ぎれいで魅力的、華美すぎない装いです。

美しいものに囲まれて生きることがふさわしい人です。

それも自分で獲得するのではありません。

プレゼントをもらったり歓待を受けたり、人の好意に囲まれて生きていくべき資格を持っています。

12人のなかでいちばん、「美」に恵まれています。

奥ゆかしい人

人に譲ることができる人です。その場の空気を読んで、「自分が、自分が」と前にしゃしゃり出るようなことはまずありません。「私はあとでいいです」と言える奥ゆかしさを持っています。

そのすばらしい能力ややさしい気づかいが、まわりをどれだけ助けてあげているのか、あなたはよく知っていることでしょう。

手を通したものが魔法のように輝く

なぜか、〈６の人〉の手を通したものは魔法がかかったように「素敵」なものに見えます。

よい情報を人に教えてあげるのが得意なのですが、あなたが教えてあげたお菓子はどこのものよりおいしいでしょう。あなたがおすすめする本は、新しい価値を与えられたかのようにおもしろく思えます。〈６の人〉にはそんな魔法をかける力があるのです。

友だちから「私もそれほしい」「それ、どこで買ったの？」と聞かれることがよくあるのではないでしょうか。

あなたの持ち物が友だちのあいだでちょっとした流行になったり、評判になったりすることも多いはずです。持ち物をまねされるのは、いつも〈６の人〉です。

スイーツ、かわいい小物が大好き

甘いものが大好きな人が多いです。お菓子に目がなくて、つい食べすぎてしまいがち。中年以降に太ってしまう人もいます。

かわいい小物、きれいなお花、センスのいい流行のグッズなど、女性らしいものも好きです。それは「自分のまわりの雰囲気をよくしたい」「いいものに囲まれていたい」という思いがあるからです。

見た目がごつい男性であっても、案外女性的なものを好み、かわいいものを持っていたりします。

物欲も旺盛で、買い物が大好き。ただし手に入れること自体が好きなので、買ったものでもすぐ飽きてしまいがち。

人からプレゼントをもらうのも好き。でも、なんでもいいわけではありません。センスのいいものがほしいのです。目が高い人ですから。

芸事・芸術に対する天性のセンス

芸事に向いています。ポテンシャルが、ほかの数字よりステージが1ランク高いイメージです。

バレエやダンスなど体全体でパフォーマンスするもの、俳句や小説など自分の内面を練り上げて昇華させていくものなどに、すばらしい才能を発揮します。

また能や日本舞踊、和太鼓など伝統芸能もとても向いています。

「ひたすら汗水たらして泥をすすってがんばる」というのではなく、どこかに伝統美、洗練を感じるものが、〈6の人〉の能力を生かせるフィールドです。

芸事だけでなく、勉強や仕事など、何をするにしても「雰囲気がいいこと」「よい環境であること」が〈6の人〉にとって大事なことです。

現実的な努力家でもありますので、お稽古事をすれば師範レベルになることができるでしょう。

6
SIX

6の大切なこと

ほめられ、評価されることが生きる力となる

自己評価が低い

才能豊かで外見的にもかわいらしい〈6の人〉なのに、なぜか自分のことが見えていないようです。

かわいくて（かっこよくて）、仕事もできて、性格もよくて、いい条件がそろっているように見えても、本人は自信がないことが多いのです。

「自己評価が低い」というのは、鑑定をしていて〈6の人〉の大きな共通点のように感じます。

自分を評価していないので、人にほめられても、すんなり肯定しません。

「私を評価して！」

自己評価が低いからか、自分を評価してほしい、感謝してほしいという欲求を内在させています。だれかに賛辞をもらってはじめて、自分を正しく評価できるのです。何歳になっても、どんな立派な役職に就いていても、ほめられたいと願うし、またほめてもらえないと力が出ません。

それは別に万人の称賛を得るとか、人前で表彰されるといった、大きなことではなく、些細なこと、小さなことでいいのです。

がんばった仕事について「大変だったね」「お疲れさま」とさりげなくねぎらいの言葉をかけてもらったり、「ありがとう」「今日もきれいだね」と言ってもらったり。

そういう日常の小さな感謝の言葉が、〈6の人〉にとって生きるエネルギーとなります。

人生はまわりから愛されるためにある

〈6の人〉の人生になくてはならない必要なもの、それは「愛されること」です。愛されて生きていく人です。

「経済的成功がすべて」などという人生は〈6の人〉には考えられません。

あなたにふさわしいのは周囲に愛され、感謝され、いつも笑顔で迎えられていることです。

そしてあなた自身が愛と笑顔を常にだれかに手渡せる人でもあるのです。

6の仕事

評価されてはじめて能力を発揮できる

感謝される場所で仕事をすべき

仕事においても、人から感謝されて、ほめてもらうことが、とても重要なことです。もともと能力の高い人ですが、人から認められることで、持っている能力を存分に開花させていきます。

感謝してくれる人がまわりにまったくいない〈6の人〉は、元気がなくなります。一般常識で考えれば、「仕事なんだから感謝されなくてもしかたがない」という話になるかもしれませんが、〈6の人〉にとっては非常に大事なことなのです。

評価されない場所にいると、ゆるぎない客観的事実（たとえば、資格取得やハッキリと数字であらわれた営業成績）があったとしても、自分で正しい評価がしにくくなってしまいます。

また、いくら相手が正しくても「率直な意見」を言われたり、「ダメ出しだけの説教」をされると傷つきます。

落ち込み出すとどこまでも落ち込み、パフォーマンスが下がります。

会社員なら物言いがハッキリとした上司より、やさしくてやわらかく、感謝の言葉を口に出して伝えてくれる上司のもとのほうが、幸せに働けるでしょう。

上品なお客さんを相手にする

洗練された人なので、センスの要求される仕事が向きます。ファッション関係やデザインの仕事、広告関係、商品の企画開発などもいいでしょう。

美しいもの、かわいい小物が好きなので、そういうものに関わる仕事も楽しくやれるはずです。

相手にするお客さんが上品で、生活レベルが高め、という市場を選ぶと、あなたの上質さを商売に生かせます。重役の秘書などは適任でしょう。

音楽やアート関係の仕事もいいと思います。「芸術を教える」という仕事も向いています。

ものを教える仕事

〔6の人〕は人にものを教えるのが上手です。

物腰やわらかく、品よく、きちんとていねいに教えられます。そして〔6の人〕の教えることは「特別なもの」のように輝きます。

ですから、ものを教える仕事、教師やカルチャーセンターの講師、人材育成、研修の講師なども向きます。

やさしくて、かわいくて、生徒に大人気の先生になるはずです。

矢面に立つのは不向き

自己主張の強いタイプではありませんから、チームリーダーやトップに立つのは、どちらかというと苦手です。トップは人から批判されることもあるし、何かと「矢面に立つ」ことにもなるわけで、線の細い〔6の人〕には、それはいささか重荷かもしれません。

それよりもリーダーの横で補佐する役どころがピッタリです。

6
SIX

気配りが抜群だし、みんなに好かれるので、組織にとって必ずいてほしい人材です。

がんばりすぎると……

〈6の人〉はときどき人のために、がんばりすぎてしまいます。
一生懸命やったのに評価されずにへこんで自爆、というパターンを持っているので、「こんなに一生懸命やってあげてるのに……」という言葉が浮かんできたら要注意。水をもらえない花のように枯れゆく状態です。特に、「どうせ私なんて……」と言い出したら、大ピンチ、「下りのらせん階段を永遠に降り続ける」入り口に立っています。
がんばらなくていい、ふつうでいいのです。

6の恋愛・結婚

愛し、愛され、愛に生きる

大切にされたい

「愛がいちばん」の人。いつも愛する人がいて、愛に生きる人。

センスがあって美しく、やさしい人ですから、常にモテます。

でもその恋愛は、自分からガンガンいくのではなく、「好きだ」「大切にする」と何度も言われているうちに、相手が気になってくるというパターンが多いはずです。

「そのマフラー似合っているね」「髪型変えた？　かわいいね」など、外見や身だしなみなどをほめられると、とってもハッピーになって、その気になります。センスのいいプレゼントをもらうのも大好き。

〈2の人〉も〈6の人〉も押されて落ちるタイプですが、〈2の人〉がナチュラルにモテるのに比べ、〈6の人〉は自ら花を咲かせ、よい香りを振りまき、「好きにさせる」

よう上手に誘っているという面があります。テクニシャンですね（笑）。

浮気はありえない

「愛」に生きる人ですから、浮気はもちろんタブー。ひたすら自分だけを愛して、自分だけにすべての時間を注いでほしいと考えます。

相手に浮気をされたら、あまりのショックに「消えてしまいたい」と思うほどの絶望感に襲われます。

〈4の人〉も浮気はゆるせないタイプですが、こちらは「浮気をしたやつは八つ裂きにしてやる！」といった具合に、相手に矛先が向きます。これに比べて〈6の人〉は相手を責めるよりも、「どうせ私なんか」と、自分の存在意義を失う方向に向かいます。

やきもち焼き

〈6の人〉は、ともすると自分に自信が持てないがために、相手の愛を疑ってしまうところがあります。ズバリ、やきもち焼きです。

いつもいっしょにいたがったり、相手の予定を知りたがったりします。「もう私のことを好きじゃないのではないか」と、心配になってしまうのです。

相手が電話に出なかっただけで、「もう終わりなんじゃないか」と不安になることもあります。

それを「重い」と疎んじる人もいるけれど、「そこまで自分のことを愛してくれているのか」と素直に喜ぶ人もいます。

〈６の人〉の心細さを理解してくれて、大事にしてくれる人に愛されてほしいな、と思います。

結婚しても「恋人」

結婚後も愛に対して努力を惜しみません。永遠にラブラブでいたいと考えます。いつもきれいでいるし、相手への気配りや小さなプレゼントを忘れません。

しかし相手にも同じ熱量を求めるところがあります。「私はこれだけやってあげるのだからあなたもやってね」と、いつもちょっとした願望を持っています。

子どもがいてもふたりでデートをする習慣を持つことが夫婦仲を保つコツともいえます。旅行に行くとか、手をつないで散歩をするとか、夜景を見に行くとか、そういう「キラキラした感じ」のデートがおすすめです。

相性

〔5の人〕と〔6の人〕のカップルは、アイドルとお姫さまのような組み合わせで、いつまでもお互いをキラキラと輝かせる相性です。

甘いだけでなく、ちょっと意地悪な〔6〕の面を引き出して受けとめてくれるのは、〔7の人〕です。

理想的な家庭人

家族が大好きで、家族のために尽くします。やさしい家庭人です。

お母さんだとしたら、子どもの好きなハンバーグをつくり、窓にはかわいい人形が飾ってあり、子どもはいつもかわいい帽子をかぶっている……みたいなイメージです。

お父さんだとしたら、やさしいイクメン。もちろん妻のことも大事にします。

〔6の親〕に育てられた子どもは、気持ちが安定すると思います。愛情たっぷりのゆたかなスキンシップを繰り返しますし、「かわいいね、大好きだよ」という言葉によ

る愛情表現も欠かさないからです。

家族の結びつきはとても強いです。ただし、子どもはいつか巣立っていくものであることを忘れないようにしましょう。

婚活アドバイス

モテる人なので、あまり婚活に苦労することはないと思います。

うまくいっていないとしたら、束縛する人と思われてしまっている可能性がありま す。心当たりがあったらちょっと注意してみてください。

まわりにたくさんファンがいて、いつも求愛されてきたあなたは、常に「選ぶ」立場だったはずです。それはいいのですが、「もっと素敵な人がいるのでは」と引っ張りすぎるのは考えものです。

〈6〉SIX

〔6の人〕の特徴いろいろ

かわいいものが好き――アクセサリーや小物が好きです。小さくても良質なものを好みます。かわいいチャームや光り物を手に入れると、気持ちが上がります（すぐ飽きますが）。

贈り物は量より質で判断――「おみやげをくださるなら、食べられるものか小さくて価値のあるものをください！」というのが〔6の人〕の本音。センス抜群なので贈るほうは気をつかいます。

親切の裏にちょっぴり下心――〔6の人〕は人に対して非常に親切ですが、そのベースには「これをやると自分の評価が上がるかも……」というような、ちょっぴり見返りを求める下心があったりもします。

下心といっても、「ちょっと気に入られたいな、自分によくしてほしいな」という程度のささやかなもの。根底にはやさしさがあるので、たとえ下心がバレたとしてもゆるされます。天性の「人たらし」の魅力がある人です。

スイーツ――おいしいお菓子が大好き。ストレスは甘いもので解消する、という〈６の人〉がなんと多いことか。太らないよう注意してください。

実はいじめる側――やさしくて、かわいい、おっとりとした雰囲気の〈６の人〉。でもいじめられる側ではなく、いじめるほうです。いじめるといっても、ちょっと仲間はずれにしてみたり、意地悪を言ってみたり、かわいいものです。

上質、洗練――何事においても、洗練されています。野暮ったいこと、古臭いのが大嫌い。貧乏くさいのも嫌いです。レストランに行けば、洗練されたオーダーをして、美しい作法で食事を楽しみます。ビュッフェよりは懐石料理やフレンチのコースを好みます。

6
SIX

らせん階段を降りるがごとく落ち込む

人からじゅうぶんな評価を得られないとき、〈6の人〉は「どうせ私なんてなんの価値もない人間なんだ」と思い込んで、どよーんと落ち込んでしまいます。

いったん落ち込むと、下《くだ》りのらせん階段を降りるような、自己否定のバッドスパイラルがはじまります。まわりは必死で気分を変えようとします。でもそのあいだにもどんどんらせん階段を降りていく〈6の人〉……。

〈6の人〉は、自分のことを正当に評価できていません。だから周囲に評価と承認を求め、安心したいのです。どんなに優秀でも、自信満々の〈6の人〉に会ったことがありません。難しいことですが、ぜひ冷静に、客観的になって、自分に問いかけてみてください。

「本当に、自分はダメな人間なのか」

その答えは、「いや、ダメな人間ではない」のはずです。

「なぜなら、○○もできる」

「○○の成果を出した」

と、いいところ、できるところを自らに認知させてください。

自分に言ってほしい言葉

「私は自己評価が低いぞ！」

あなたは自分がいかにすばらしい人間であるかを知るべきなんです。しかし〈6の人〉っていうのは残念ながら自己評価が低いと決まっているのです。だから人に確かめたくなってしまうんですね。だれかの承認を得なくても、あなたはすごい人です。

「私は美の神のバックアップを受けている」

6という数字には「美」という意味があるようです。どの数字よりも「美しさ＝人が惹かれてしまうもの」に関係があります。あなたは持って生まれた美という数字を生かしていますか？　「どうせ私なんか……」と思っていませんか？

特に芸事に高い才能を持っているので、本気でやれば能力が発揮されます。神様から授かった能力なので、ぜひ生かしてほしいと思います。が、ひとつ心配なのはあなたの自己評価の低さです。成功は約束されているのに！

他人に言ってほしい言葉

「私はほめられて伸びるタイプです」

ほかの人はあなたが自己評価が低いなんて思いもよりません。だってあなたはみんなの憧れの人だから。素敵で当たり前、かわいくて当たり前。だからこそ、あなたがほめてほしいと思っていることをここで表明しましょう。ほめられて喜ぶあなたを見て相手も喜びます。

「ありがとう！」

あなたは感謝されることが必要です。感謝の言葉をストレートに発してくれる人もいますが、感謝が下手な人もいます。そんな人にはあなたが率先して「ありがとう攻撃」をしかけていきましょう。相手も「そっか！　感謝の言葉って重要なんだ！」

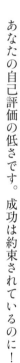

と気づき、「ありがとう」と返してくれるはずです。

「私のどこが好き？」

もちろん冗談でいいんですよ。聞いてみましょう。言われた相手は素直に「やさしいところ」「ふわふわしたところ」など、あなた自身が気づかなかった美点を教えてくれるでしょう！　あなたが幸せになると、みんなが幸せになります。あなたの幸せはめぐるんです。

S E V E N

K E Y W O R D

神秘的、ひとり、言われなくてもわかっている、クール、計算が得意、ポーカーフェイス、合理的、霊感、実はさみしい、自己完結、賢い、老成

7の本質

美しい魂を持つ孤高の賢者

唯一無二の存在

ミステリアスな雰囲気の人です。まわりの人に「何を考えているのかわからない」と言われることも多いでしょう。

しかしあなたはしっかり「自分」を持っている人。自分が何をしたいのか、何に価値を置くべきかがハッキリとわかっています。

生まれながらにして「自分とはかけがえのない唯一の存在である」という哲学的真理に到達しています。まさに「天上天下唯我独尊」です。

若くても「老成」しているようなところがあります。

本来ならば、〈7の人〉に本書『自分を知る本』は必要ありません。もうわかっているから。ただ、自分で感じていることが正しいかどうか確かめるために、この本を利用してもらうことはできるでしょう。

「人と人はわかり合えない」

物事の本質を見つめ、常に先を見通しています。

たとえば人が「あの人に裏切られた！」「あいつは話がわからないやつだ」と憤慨しているのを見て、「なぜそんなことで怒るのか」と淡々と見つめているようなところがあります。

「しょせん人と人とはわかり合えないもの」という達観したところがあり、対人関係の小さなことに心が動じたり、うろたえたりすることはありません。人間関係に右往左往、一喜一憂するまわりの人を見て、愚かだと思うことはありませんか？　自分以外はみんなバカだと思っているようなところが、〈7の人〉にはあります。

7
SEVEN

ブレない強さを持つ

人は人、自分は自分という意識が強い人です。人に何か言われたからといって、自分の考えや信念がブレることはありません。

また「だれも自分のことを理解できないはずだ」という諦めがあるから、人に嫌われてもあまり気になりません。

「人から何を言われたか」ということよりも、「自分がどう思うか」のほうが重要と考えます。

「好き嫌い」が激しい

好き嫌いの意思表示がハッキリしています。食べ物も偏食気味。人や物に対しても、独特の好き嫌いがあります。

なぜならば、〈7の人〉は自分の目で見て、自分の頭で考えて判断するからです。「みんながいいというもの」を無条件に受け入れたりしません。だれかが決めた基準で判断するなんてとんでもないことです。そしてその意思をオブラートに包みません。

「どうしようもなく惹かれてしまう」魅力の持ち主

本質的に醒めているところがあるので、ややもすると、「クールで冷たい」という印象を持たれがちです。

ところがこの他人を簡単によせつけない雰囲気こそが、人を惹きつけてやまないのです。「なぜか気になってしかたがない存在」「憧れの人」として、人が集まってきてしまいます。

美しい魂、異次元の輝き

7という数字は神、聖なるものに通じる数字とされます。

「美しい道」や「美しい光」といった異次元の何かを秘めているような人です。

冷たくされてもあなたに憧れ、あなたを愛する人がいるのは、あなたのこうした「聖性」に気づいているからかもしれません。

7

SEVEN

セルフプロデュース能力が高い

あまり喜怒哀楽を顔に出さないポーカーフェイスな人ですが、かといって暗いタイプかというと、決してそうではありません。

めちゃめちゃ明るい〈7の人〉もいるし、厳しさなんかみじんも感じられないやさしい（まるで〈2の人〉のような）〈7の人〉もいます。

ただ、そんな人でも、腹のなかでは冷静で合理的に判断して、「明るい自分」を演出していたりします。

第一印象では推しはかれない複雑さを抱え持っているのも〈7の人〉の特徴です。

いつでもナチュラル、いつでも素

卑怯なところ、裏表のない人です。「自分をよく見せよう」といった計らいがないから、愛想笑いをしたり、その場の雰囲気で意見を変えたりすることもありません。

その意味ではいつもナチュラル、いつでも本音です。

うわべの同調をしないから、「気難しい人」「付き合いづらい人」と思われてしまうこともあるのですが、それは〈7の人〉の表面しか見ていないからです。

霊感・霊性

霊感があるといわれます。ただ、それを本人が自覚しているとは限りません。

霊感といっても霊や超常的なものが「見える」ことだけを指すのではなく、「半歩先、一歩先が見渡せる」、「直感が鋭い」といったことも含みます。鋭い分析力で物事の本質を見抜くことができるのも、この力のせいです。危険を事前に察することができる「危機管理能力」も高いようです。

同じ失敗を二度としない

何が起きても冷静沈着で、慌てたり焦ったりしません。物事の細部までよく見ていて、頭のなかで「どう動けばいいか」を理知的に判断します。

もちろん〈7の人〉も人間ですから、失敗もします。でも失敗しても次回はうまくいくように、しっかり分析します。そして次は成功させます。同じ失敗をすることはありません。

7
SEVEN

さみしさやむなしさを口にくわえて生まれてくる

群れて生きるのは好きではないし、また自分は群れて生きることができないということがわかっているはずです。

しかし〈7の人〉もやっぱりさみしさやむなしさを感じることはあるでしょう。どこにいてもだれといても、ふっと感じるさみしさ、むなしさ。

この孤独と向き合うことも〈7の人〉にとって大切なことといえます。

自分がどんな人なのかということがわかれば、少しはラクになるのではないでしょうか。強く、美しく、さみしいという宿命を受け入れて生きていくしかないのです。

7の大切なこと

自分の世界を守りたい

美学を貫く人

確固たる美学の持ち主です。他人の言動や世間の風潮によってその美学がブレることはありません。

〈6の人〉や〈33の人〉も美に対する意識は高いのですが、それは「アート」とか「様式」としての美。〈7の人〉の「美」は、絶対的価値というべき、生き方としての美です。ふつうの生活をしていても、その奥底には確固たる信念があり、その独自の道が、美に通じているのだと思います。

ひとりになれる時間が必要

ひとりの時間を持ちたい人です。基本的に人とつるむのが好きではないし、グルー

SEVEN 7

プ行動、団体行動も嫌いです（やろうと思えばできますが）。団体行動を楽しむ場合もオンとオフははっきりしています。

趣味も、チームでおこなうスポーツや、バンドを組むといったものではなく、武道や美術鑑賞などひとりで取り組めるものを好む人が多いようです。

見た目には孤独に見えるかもしれないけれど、本人はいたって平気。ひとりを楽しんでいます。

「自己完結」している人

落ち込むようなことがあったとしても、ひとりの時間を持ち、ひとりの世界に深く入って、じっくり考えているうちに解決策を見出すことができる人です。

メンタルが落ちても、ひとりの時間さえ持てれば勝手に浮上してきます。

他人の助けは不要です。時間さえあれば、自分ですべてなんとか対処していけます。

そもそもほかの数字に比べて、気持ちの抑揚はあまりないほうです。いつもフラットで安定しています。

人付き合いもそつなくこなす

ひとりの時間が必要な人ではありますが、決して「人嫌い」ということではありません。人付き合いもそつなくこなす知恵はあります。いつも冷静で理性的だから、人に対して、うっかりマズイことを言ったり、やったりすることはまずありません。

もしひどいことを言う場合は、うっかりではなくて、「わざと」かもしれません。毒のある笑いも得意です。

「考え続けること」がミッション

〈7の人〉は常に深く思索をするし、哲学的な真理を追究します。それゆえの諦めがあるはずです。「深く考えること」こそが〈7の人〉のミッションともいえます。

深い思索は〈7の人〉の才能でもあります。ほかの人にはない自分の能力を突き詰めましょう。

7

SEVEN

7の仕事

分析力と合理的思考を生かし、目的を達成する

頼りになる仕事人

ムダを嫌うので、仕事にだぶつきや紆余曲折がありません。いつも合理的にプロの仕事をします。

うまくいかないことがあっても、きっちり原因を分析し、同じ失敗を繰り返しません。「これは前回失敗したからやめておこう」「違う方向性から攻めてみよう」「この人をこの部署に据えてみよう」などと、合理的に作戦を積み上げていきます。

仕事人としてこれほど頼りになる人はいません。

チーム戦より個人戦

チーム全体で取り組む仕事よりも、個人でおこなう仕事が好きです。

仕事はものすごくできるのですが、自分が先頭に立ったり、〔9の人〕のように政治的に人をまとめて指導するといったことにはあまり関心がありません。そういうことは〔7の人〕にとって意味のあることではないからです。上司という立場であっても、部下をまとめる感じにはなりません。下は下で勝手にやればいいと思っています。トップに就くのではなく、後ろに控えていて、何かあるとサッと出てきて、問題を処理するのが適任です。組織にいたとしても、職人やスペシャリストという役どころのはずです。

情を排し、理知的な判断ができる

仕事と割り切れば、義理人情をからめず、合理的な判断を下します。

仕事のできない人をリストラしたり、配置転換したりということも厭いません。目的達成のためには手段を選ばず……というところがあります。真剣に理詰めで考えているから、情の入り込む隙がないのです。

仕事なら大好きな人もクビにできるのが〔7の人〕です。

「冷たい人」と思われてしまうこともありますが、それだけ仕事に向かう力が突き抜けているということでもあります。

本人はむしろ周囲に対して「仕事なのになぜそんなに情をからめたがるのかわからない」と思っている節があります。

向いている仕事は？

ずばりスペシャリストが向いています。組織内で出世しても現場に残りたいと思いますし、現場がいちばん合っています。

職種としてはＩＴ関連、自動車、電子機器などの業界、建設・土木関係もいいし、接客業なども上手にこなします。

性格的には人と群れないけれど、仕事だと思えば、ちゃんと大勢の人とうまく付き合っていくこともできます。

また「違う人」になることも得意なので、芸能界でも〔7の人〕は多く活躍しています。脚本家なども向いています。

7の恋愛・結婚

パートナーとはほどよい距離を取る

クールでツンデレなところが人を惹きつける

恋愛においても、クールな雰囲気が人を惹きつけてやみません。いろんな人から熱愛されてしまいます。

しかし〈7の人〉はそう簡単には人を好きになったりしません。お相手は自分の美学に合致した人を選びます。馴れ合うようなところがなく、クールさをキープするから「カッコイイ」カップルになります。相性がいいのは〈7の人〉同士。非常にいい組み合わせです。〈5の人〉ともスタイリッシュな関係を築けます。

一方で、〈3の人〉と〈7の人〉は、もめるのになぜか惹かれ合うようです。自分勝手で愛されキャラの〈3の人〉が、〈7の人〉のペースを乱すのですが、かき回されるのをよい刺激として楽しみます。

束縛されると逃げたくなる

束縛されるのが大嫌い。精神的にもしばられたくないし、時間を拘束されるのも苦痛です。

恋人や家族であっても入り込んでほしくない自分の絶対領域があり、そこは崩したくないのです。

だから恋人やパートナーとの距離はやや遠い感じです。

ちょっと独特な結婚観

結婚相手ともベッタリいっしょにいるような関係は好みません。ほどよく緊張感のある距離を保ちたいと考えます。

だれにも邪魔されない自分だけのスペースがほしいし、休日は家族と別行動するなど、ひとりの時間を確保できないと息が詰まります。

どれだけ親しい人であっても、共有できない時間がどうしてもある人です。

そこをわかってくれる人でないと、〈7の人〉の相手は難しいかもしれません。

だから〈7の人〉のなかには、さみしいときだけいっしょにいるような「週末婚」「別居婚」が理想と考える人もいます。

「うまくいかなければ別れるしかない」という考えをどこかに持っているので、若干、ほかの数字の人に比べて離婚が多い印象です。

「我が道」をいく親になる

〈7の人〉の子育ては独特です。子どもに深い愛情を持っていますが、「子どもにベッタリの親」ではありません。

世間の風潮として、「自分の持てるすべての時間を子どもに使って、抱きしめて育てましょう」といった「圧」があるけれど、これが時として〈7の人〉の心を悩ませます。

その結果、「お母さん（お父さん）だってひとりの時間がほしいのに……」という本音を無理やり抑え込んで、家庭生活をこなしている人もいます。

しかし自分を否定したり、自分にダメ出しをする必要はありません。

7
SEVEN

〈7の人〉はポーカーフェイスだから、なかなか外からはわかりづらいけれど、ちゃんと愛情はあるし、子どもに対して、人生の大切な哲学をしっかり教えることのできる親になります。

自分の距離感で子育てをすればよいのです。

〔7の人〕の特徴いろいろ

偏食・偏愛――好き嫌いが多く、独自の好みがあります。同じものばかり食べる人も。趣味やキャラクター、ファッションなども好みが偏っているのが特徴で、ネコが好きならネコばかり、ガンダムにはまってひたすらガンダムを追いかけたり。人に対しても偏愛を発揮し、わかりやすくひいきするようなところがあります。ただし、何かを育てるのは面倒に感じます。ペットの世話をしたり、部下の教育などは避けたいと思っています。

電話よりメール――会うより電話、電話よりメール。ひとえに面倒だからです。見た目の印象よりもコミュニケーション能力は高いのですが、面倒だから黙ってるんです。やろうと思えばコミットできるので、時にやたら明るく社交的な〔7の人〕もいます。

論理的なのに――エビデンスの裏づけのある発言を好み、論理性を重視します。相手への口グセは「なぜ?」「理由は?」。人には論理性を求めるのに、自分自身は案外直感重視で、勘にしたがって動きます。

隠されたスピ志向――宗教やスピリチュアル的考えを好みます。ただし、のめりこんだり依存することはありません。メソッドや教義を自分の生き方にうまく取り入れる、という使い方をします。ストイックな精進や修行を自分に課すのも、そういったスピ的志向があるからでしょう。神秘的な場所が好きで聖地巡礼の旅に出る人も。

昼よりも夜――昼よりも夜、暑さよりも寒さ、犬よりもネコ、動物園より博物館、勢いよりも深み、やわらかさより硬さを好みます。金属の硬さや冷たさ、宝石の輝きに魅了され、鉱物マニアの人もいます。

ときどき嘘もついちゃいます(笑)――〈7の人〉は、ときどき嘘をつくことがあります。でもそれは決して人を欺くための嘘ではなく、面倒だから、その場しのぎの言い逃れをしてしまうのです。

もし腹を割って本当のことを話してしまったら、それによって相手と関係が深くなってしまう。そういう関係を面倒くさいと感じる〈7の人〉は少なくないはずです。だから「ショートカット」の意味で、嘘をついてしまうのです。〈7の人〉にとって嘘は生きていくための方便であり、スキルです。

「あんたなんかキョーミない」――「人と人はわかり合えない」という哲学があるので、相手に多くを望まないし、期待もしません。

それをまわりの人は「自分のことを拒絶している」と感じているかもしれません。家族や友人など、近い関係の人であればあるほど、そう感じている可能性がります。「あんたなんかキョーミない」というメッセージをどうしても体から発してしまうのです。

望みは「合理的な手段」でかなえる――なんでもわかっているあなたは、合理的な手段で望みをかなえることができるはずです。

あなたの目論見は常に間違いありません。ひとりで考えて、ひとりで行動して、ひとりで利益を得ます。もちろんそれでいいのです。

体調を崩したときは——〈7の人〉には「偏る」という性質があります。偏食しかり、生活リズムしかり。体調を崩してしまったときは、食事も生活も一度見直しましょう。

注意したいのがホルモン系の病気です。女性の場合は、子宮の病気や不調に日ごろから気をつけることをおすすめします。

自分に言ってほしい言葉

「私は何をすべきなのだろう」

あなたは人一倍物事がわかっています。物事とは目の前で起きていることや、勉強、仕事のことではありません。「人間とは、人生とは」という大きな真理や哲学のことです。そしてその美しい哲学がほかの人に理解できないのもわかっています。あなたには使命がありそうです。なぜその智慧を持って生まれてきたのか？　自らに問うてみてください。

「人と馴れ合わなくていいや」

たくさんの人間が生きている世界。それなのに、あなたはひとりで生きているような気持ちです。ほかの人たちは頼ったり頼られたり、甘えたり甘えられたり。密接な関係をつくっています。が、あなたは独立した個人です。それで何も問題はありません。

しかし、家族を持ったとき「独立した個人ですから」ではすまない瞬間もあります。そんなとき、あなたはどうしていいかわからなくなります。愛していても愛の表現方法がわからない。

子どもや家族は偶然あなたのもとにやってきたのではありません。あなたとのあいだに必ず学びがあります。あなたはあなたのできる方法で愛情を表現したらいいし、表現できなかったとしても相手はあなたの愛を察知してくれるでしょう。大切なのはあなたらしく無理せずに生きることです。そのための今生の人生です。

他人に言ってほしい言葉

「がんばってるね」

これほど効く言葉もないでしょう。いつもクールな印象のあなたに言われた相手は「見てくれてたんだ！」「認めてくれたんだ！」と驚きとともに喜びを感じるはずです。あなたが伝えたいかどうかはともかく、ときどき「あなたを認めているよ」

と発信することは有益です。ぜひ言ってみてください。

「好意をうまく表に出せないんです」

ツンデレ上手のあなたが言えば効果100倍かもしれません。冬の雪が解けていくように、相手はあたたかい気持ちをいただくでしょう。

「わかってあげられなくて、ごめんね」

あなたにわかってほしいと思っている人はたくさんいるはずです。悲しい思いをしているかもしれません。この言葉があれば、相手はあなたに理解してもらえたと安心するでしょう。ぜひ相手の気持ちにアタックしてみてください。案外こんなひと言で、人間同士の心のわだかまりはなくなってしまうものです。

EIGHT

KEY WORD

プライド、自尊心、カリスマ性、負けられない、財産、王・女王、皇帝、戦い、一流品、格が高い、存在感、孤独

8の本質

誇り高く生きる品性のある人

気高い魂を持つ「王者」

生まれながらに格の高さを感じさせる品性のある人です。女性であっても「皇帝」のような気質・気品を備えています。プライドも高いです。

独特の重み、存在感があります。

人生のどこかにおいて、偉業を成し遂げるべきときがやってくるかもしれません。成功者や著名なアスリートにも「8の人」は多くいます。

人の心をつかむカリスマ性

持って生まれたカリスマ性があります。「熱さと冷静さ」、「やさしさと冷酷さ」を併せ持っていて、そんなところが人の心に強い印象をもたらします。

目立つキャラクターでなくても、リーダーとして人を引率することができます。あなたを尊重して忠実に動いてくれる人がいるでしょう。

人からどう見えるか

「自分が人からどう見えるか」ということを非常に気にします。だから女性は特に「きちんとしている人」が多いです。自分のありよう、見え方を常に意識しているから、所作やしぐさ、立ちふるまいなども品があります。正しい感じ、隙がないイメージです。

「敵か家来か」

対人関係では、「この人は自分にとってどういう人なのか」ということをじっくり見極めようとします。

その人が自分と同盟関係を築ける人物なのか、それとも敵対するのかといった、ちょっと不思議な判断基準を持っています。

力のある人、人の上に立つ人は、他人をなかなか信用できません。味方だと思っていた人が自分を裏切った瞬間を、経験した人が多いはずです。だから慎重にならざるを得ないのです。

もともとが「皇帝」ですから、味方とは「家来」です。つまり「敵か、家来か」で人を見定めます。

ただ、この場合の「敵」というのは、「忌み嫌う相手」という意味ではありません。能力の高い〈8の人〉と同等の力を持つ、切磋琢磨するべき相手ということです。正々堂々と戦うことのできる、よきライバルとして〈8の人〉が認めた相手です。

そうでなければ自分の庇護すべき「家来」として、とてもかわいがるし、よく面倒を見ます。

独特の対人観の持ち主ではありますが、社交性はあって、友だちにも好かれます。

財がついてまわる運！

財産は〈8の人〉にとって「あって当たり前」のもの。あなたが生きていくためには、人より多くのお金が必要です。

誇り高い人ですから、安物や簡単に手に入るような物には目もくれません。あなたにふさわしいものは高級なもの、歴史と伝統のあるものなど、皇帝に与えられるような一流品です。

お金の使い方はとてもきれいです。使うときにはパッと豪快に使います。部下に気前よくおごってあげたりもします。長い会議でうんざりしているときに、出前のコーヒーやケーキを人数分届けたり、終電を逃した部下にタクシー代を握らせたり。

儲け方も大きく、ここぞというときに大きく利益の出る勝負に出ます。

カッコ悪い使い方や、小ズルい儲け方なんてできません。だれが見ているかわかりませんからね。誇り高い〈8の人〉にふさわしいお金との付き合い方をするのです。

8

EIGHT

8の大切なこと

「誇り」を守りたい

「勝ち負け」にこだわる

何かにつけ、「勝ち負け」を気にします。勝負事だけでなく、試験や恋愛、仕事から、人が座る場所、情報をだれがいちばんに知っていたか（「いちばん最初にこの話を聞いた人はだれ？」）に至るまで、人生で起こるあらゆることを「勝ち負け」でとらえてしまうところがあります。

勝ち負けといっても、「勝ちたい」というより「自分が負けること」がとてもイヤなのです。「誇りを守りたい」というニュアンスのほうが正しいかもしれません。負けてしまったとき、自分がダメな人間だからだと自身を追い詰めて苦しみます。

だからいつも戦っています。〔8の人〕にとって人生は自分のプライドを守る戦いなのです。

もちろん勝つためには精いっぱいの努力をします。

頭がいい人なので、ここは攻撃をしたほうがいいとか、防御に徹するほうがいいなど、パーフェクトな作戦を立てることができます。

だから失敗が少ないし、人にだまされるなんてこともまずありません。危機管理能力の高い人です。

たとえ障壁が立ちはだかったとしても、それに負けずにいっそうがんばります。あなたにはいつも勝利が見えています。

負け戦はしたくない

「勝つ」ことが重要ですから、「負け戦」はしません。

確実に自分が成功する道や場所を選ぶ傾向があります。

「負ける」とわかっている戦いは、最初から土俵を下りてしまいます。

たとえば「こんな扱いをされるならば会社なんか辞める」「仕事ができないと言われるくらいならバイトでいい」というように……。勝ちにこだわるあまり、何もしない人生を選んでしまうのです。

〔8の人〕には、努力している人と、まったくしない人の2種類がいますが、どちらにもその根底にはプライドがあります。

〔8の人〕の能力は、勝負の土俵に上がってこそ開花するのです。どんな仕事にも下積み時代はありますが、優秀な〔8の人〕の下積みはふつうの人よりも短いはずです。

プライドが邪魔して動けないとき

失敗を過度に恐れるようなところがあります。「失敗するくらいならやらないほうがマシ」と考えてしまうのです。

もちろんその慎重さゆえに失敗の少ない人ではあるのですが、失敗は成功の材料でもあります。成功は失敗の後にやってきます。

たとえば「5回まで失敗していいことにしよう」とか「この先1年間は失敗もありということにしよう」など、区切りを設ければ安心して失敗もできるのではないでしょうか。ぜひ大いに失敗して「失敗体験」から、大きな「成功」を勝ち取ってください。

8の仕事

三国志の世界を生きる

一流の仕事人

たとえば一国の主を想像してみてください。

常に他国からの攻撃の恐れがあるなか、自国を守る重責があります。臣下が何か企んでいるかもしれません。

いつも三国志の世界のような緊張のなかにいるのが、〈8の人〉です（状況が緊張状態であるのではなく、自分のマインドの問題です）。

間違いや失敗はゆるされないと思っているので、どんな仕事をしたとしても、それによって自分を向上させることができます。仕事を、自分が世間に認められるためのツールととらえているところがあります。

誇り高き〈8の人〉にとって、仕事も「一流」でなければ意味がありません。一流の仕事をするために、努力も精進もします。

ですから会社に属していても頭ひとつ抜きん出た実力を発揮し、出世していきます。独立起業して一国一城の主を選ぶ人も多く、成功できます。

ポジションは重要なモチベーション

〔8の人〕が仕事をする上で、「人に評価されること」「認められること」は非常に重要な要件です。

「自分だけでコツコツやって、自分だけでその結果に満足」ということはありません。客観的に評価されてこそ、充足感を持つことができます。

評価といってもいろいろな形式がありますが、〔8の人〕にとって大切なのは役職です。地位・ポジションは〔8の人〕にとって「誉れ」だからです。

役職を与えられればすごくがんばるし、すばらしい能力を開花させます。少々困難なことがあっても耐えられるし、知恵を発揮してうまくやりとおすことができます。そのくらい〔8の人〕にとって、役職は重要です。

若くして部長職につくなど、ふつうの人がプレッシャーに感じる責務をまっとうできるのも〈８の人〉です。

トップを狙える職場、部下を得られる職場。段階を踏んで出世するのではなく、一本釣りでボーンと上にあげてもらえるような能力主義の会社がいいでしょう。

また、手に職を持って独立できる仕事、大変でも成功の暁には大金を得られる仕事は、〈８の人〉に合っています。

「先生」と呼ばれる職業もよいでしょう。

早めに上の立場に

自分がチームのトップに立って、部下を何人か従えて取り組む体制であれば、〈８の人〉の能力が生きるのでうまくいきます。人を使うのが上手です。

でも、入社してすぐ部下がいるポジションを得るのは難しいですよね。

下っ端の〈８の人〉はいつも怒っているような印象です。「上司がバカ！」ってよく言っています。

前述しましたが、〈８の人〉の下積みは短いんです。

「半年後にこの人を抜いてやる！」「近いうちにこいつを使ってやる！」と思って仕

事に励んでください。

下克上ありの実力主義の環境でなければ腐ります。

年功序列で出世が遅い組織に行かないように気をつけてください。

中長期で考える

前述のように〈8の人〉には2種類います。現実的な努力を積み重ねて、自分にふさわしい地位を手に入れている人か、負けたくないあまりに土俵に立つことをやめてしまっている人か。

現実の家柄がどうであれ、〈8の人〉は生まれついての皇帝です。

それなのに、世の中は自分を下に見ている、自分をバカにしているように感じます。

でも、たとえば豊臣秀吉は最初から高い地位ではありませんでした。草履をあたためるところからはじめたのです。

どんな成功者も昇り詰めるためのスタート地点があります。そのスタート地点がたとえ不本意なものであっても、自分の目指す位置をきちんと見据えていれば我慢ができるはずです。

だれかがあなたに失礼なことを言ったとしても、来年、再来年にはその人が自分の家来になっているはずです。

ポテンシャルが非常に高いので、中長期的に時間をとらえて勝負を避けずに生きていってほしいと思います。

8の恋愛・結婚

自分に釣り合う相手をしっかり見極める

やさしく、癒してくれる人を選ぶ

〈8の人〉がパートナーに求めるもの、それは「安心させてほしい」「自分を裏切らないでほしい」「自分のプライドを尊重してほしい」の3点です。

心は常に戦っているわけですから、恋愛においては、あなたの気持ちを尊重してくれる人、安らぎを与えてくれる人を望みます。

また、プライドの高い〈8の人〉は振られるのがイヤです（笑）。「告白して振られちゃったカッコ悪い自分」なんてありえない。だからなかなか自分から行動を起こせません。

結婚には品格を求める

「恋愛と結婚は別」と考えることが多いようです。

恋愛ではひたすらやさしくてフワフワした人を好みますが、結婚相手は慎重に見定めます。ちょっときれいだからとか、好きだからといったようなことでは決めません。〈8の人〉にとって結婚というのは家と家の結びつき。だから相手の育ち、学歴、品性なども重要な要素と考えます。

なぜそんなに結婚相手の条件面にこだわるかというと、〈8の人〉は自分の一族をとても大切にするからです。「皇帝」は家が大事です。

だから自分のテリトリーに入れる人間は、自分の格にふさわしい人であってほしいのです。

「釣り合い」を重視

自立した人が好きです。自分と同等の価値を持っている人をおのずと選びます。

釣り合いが取れている、ということを何よりも大事にします。持っていないものを補ってくれる人も、釣り合いという意味で非常に大切です。自分が外見に自信がなければ美しい人を、家柄はいいけど収入がいまひとつなら財産のある人を求めます。

〈8の人〉は力があるため、一方的に頼られるという心配がつきません。

お互いに高め合って「家」の格を上げていくためには、同等の価値を持っていることが何よりも大切なのです。

子どもに期待すること

わが子をすごくかわいがります。自分の家族にプライドを持っていて、自分の血のつながりを非常に大事にします。

そのぶん、期待も高いです。

自分自身が「努力ができる人」であることから、「自分の子なんだから、もっとできるはず」「もっとがんばれるはず」と考えて、教育ママ、教育パパとなることも少なくありません。

自尊心の高さがそのまま子育てに反映されるのです。

さらには子どもが就職するとき、結婚するときにも口をはさみたがります。

それは「自分の子どもだったらこれくらいのレベルは当たり前だろう」という思いがあるからです。

でも子どもがそれに反発して、バトルとなってしまうこともありえます。

子どもは自分とは別人格であることを踏まえ、子どもに求めすぎないことも時には大事かもしれません。

たったひとつの条件

あなたのなかにはふたりの人がいます。

ひとりは気高き皇帝。立派な王族の血筋を迎えたいと思っています。

もうひとりは暗闇にたたずむ孤独な人。自分を全面的に受け入れて裏切らない絶対的な包容力を必要としています。

このふたりを満足させられる相手は見つかるでしょうか?

いろんな条件が頭をめぐって悩んだときは、ただ1点、次のことだけを条件にしてみてください。それは、

「自分のために生きてくれる人かどうか」

ということです。

〔8の人〕には、とにかくぶれずに自分だけを支えてくれる人が必要です。女性であっても男性であっても同じです。

その人が家柄もよく、ステイタスの高い職業についていて、収入もよかったら幸せですが、まずは自分のために生きてくれるかどうかを、たったひとつのはずせない条件として頭に留めおいてみてください。

あなたの風格や人徳を尊敬し、無条件に理解してくれる人、腹のうちを見せて、いっしょに泣いてくれる人。いつも戦っているようなあなたの魂を癒してくれる存在。

そういう人をひとりでも見つけられたら、〔8の人〕の人生は大成功するはずです。

〔8の人〕の特徴いろいろ

好きな場所――広くて平らで見通しのよい場所が好きです。だだっぴろい草原でのんびりすると、ホッとするでしょう。

ほかには、図書館が好きだったり、名所旧跡に親しむ人も多いようです。新たに開発された新進の都市ではなく、歴史や重みが感じられる華やかな場所が〔8の人〕の場所です。

人は宝――友だちを大切にします。気前よくおごってあげることも多いはず。「人は宝、友だちは財産」ということをよくわかっている人です。

流行はあえて追わない――新しいものをすんなり受け入れられない部分があります。流行はおさえていても、それを追いかけるのはチャラついている、という意識です。

食事も奇をてらったものを嫌い、和食や子どものころから食べ慣れている料理が好きです。食べものも「文化」ととらえ、歴史あるものを大事にします。

貴族の生活を――〈8の人〉にふさわしい生活は、貴族みたいなイメージです。慎ましやかでありながら優雅。高級な物を適切に使う。困っている人には惜しみなく分け与える。SNSなどに踊らされたりしない確固とした価値観がある。

〈8の人〉自身も上品でチャラチャラしたところがありません。〈8の人〉が貴族の生活をするためには、それなりの財力が必要です。ですから、〈8の人〉には、お金持ちであってほしいと思います。お金持ちといっても、豪邸に住んだり高いワインをガブガブ飲んだりすることではありません。あなたの上品な生活をキープするために、ある程度のお金が必要で、またそのお金は「あって当たり前」のものだと感じます。

忠告は聞きたくない――実は、鑑定で「そんなはずはない！」「当たっていない！」とおっしゃるのは〈8の人〉だったりします（笑）。自分流で通したいので、意見や忠告は聞きたくないのですね。ただ、あとからメールをくださるのも〈8の人〉。「よく考えたら橙花さんのおっしゃる通りでした」と納得の意を示してくれる誠実さに、いつも心を打たれます。

弱みを見せられない――人に対して自分の弱みや動揺を見せることができません。「弱い自分」なんて絶対に見せたくないのです。

だからどんなに苦しくても、「自分はOK。自分は大丈夫!」というアピールをしてしまいます(むしろ〈8の人〉が「全然大丈夫!」というときは「ダメ!」という意味だったりします)。カモフラージュするのです。

だれにも言えない秘密――かたくなに自分の弱みを見せませんが、「だれにも言えないこと」を胸のうちに抱えていることがあります。それは本当のあなたの姿であったり、あなたの心の叫びであるかもしれません。

でもその秘密はほかの数字の人にとっては、隠すほどのことではないささやかなこと。虫が嫌い、注射が怖い、牛乳でおなかをこわすといったことさえ、「弱み」と思ってしまうのが〈8の人〉。ほかの人は気にせずに自分をさらけ出していますよ。

失敗ダメージが大きい

「勝ち負け」がキーワードとなる〈8の人〉ですが、「負けてしまったとき」のメンタルマネジメントは重要です。だって人生、いつでも「勝つ」わけにはいきませんからね。

負けたときに「自分は全然大丈夫」「苦しんでなんかいない」という顔をしちゃうのもまた、〈8の人〉の特徴です。本当はすごくダメージを受けているのに、それを表に出せないのです。

負けたと感じたときに、どう自己肯定ができるか、負けて悔しい、つらいと思った気持ちをどう昇華できるかというのが、〈8の人〉のミッションともいえます。

ほかの数字の人は「勝ち負け」に対してそれほど意識していなくて、「また負けちゃったけど別にいいか」と思っていたりします。あるいは負けたことにさえ気づかない数字の人までいます（笑）。

みんな気楽に生きているということを頭の隅に置いてみると、生きることがちょっとラクになるかもしれません。

あきらめないこと――望みをかなえたいのであれば、本気で取り組むことです。達観している〈8の人〉は、時として「あきらめグセ」がついている場合があります。あきらめることを自分の美学だと思っていませんか？　人一倍ポテンシャルが高いのに人一倍あきらめやすい。こんなもったいないことはありません。

苦しいときにこそあなたの力が試されます。

いまがそのときかもしれません。

自分と未来を信じることで望みがかなうのです。

8

EIGHT

自分に言ってほしい言葉

「私には経験が必要だ」

あなたは何をするにもプライドを守ることを真っ先に考えます。仕事においても恋愛・結婚でも。プライドが邪魔をして一歩踏み出せないことも。

もしあなたがいま、自信がないのならば、それは「やったことがないから」です。あなたには成功体験が必要です。しかし成功はチャレンジした者にだけ与えられる名誉です。ぜひチャレンジしてください。経験があなたをサポートしてくれます。

「わははは」

〈8の人〉はいつも厳しい顔をしています。連日の戦い、勝つための努力、周囲に目を配る神経……。〈8の人〉はとても大変です。つらいとき、少し笑ってみましょう。顔が笑うと気持ちがあとからついてきます。頬をゆるめるだけでいいのです。笑顔になれば、あなたの印象が変わり、体調もよくなり、いいことずくめです。

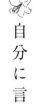

他人に言ってほしい言葉

「あなたのことはわかっているよ」

あなたは王様です。あなたにこう言ってもらえたら人はすごく安心します。上から目線でいいのです。言ってあげましょう。

「任せておきなさい」

あなたに言われてみたい言葉トップ1かもしれません。説得力があります。あなたは何せ持っているポテンシャルが違います。

「なんか疲れたな～」

王様は弱音を吐いてはいけないものですが、たまには気心の知れた人にこう言ってみましょう。相手はあなたも人間なんだな～とホッとするかもしれませんし、何より周囲のみんなはあなたにゆっくりしてほしいので。

NINE

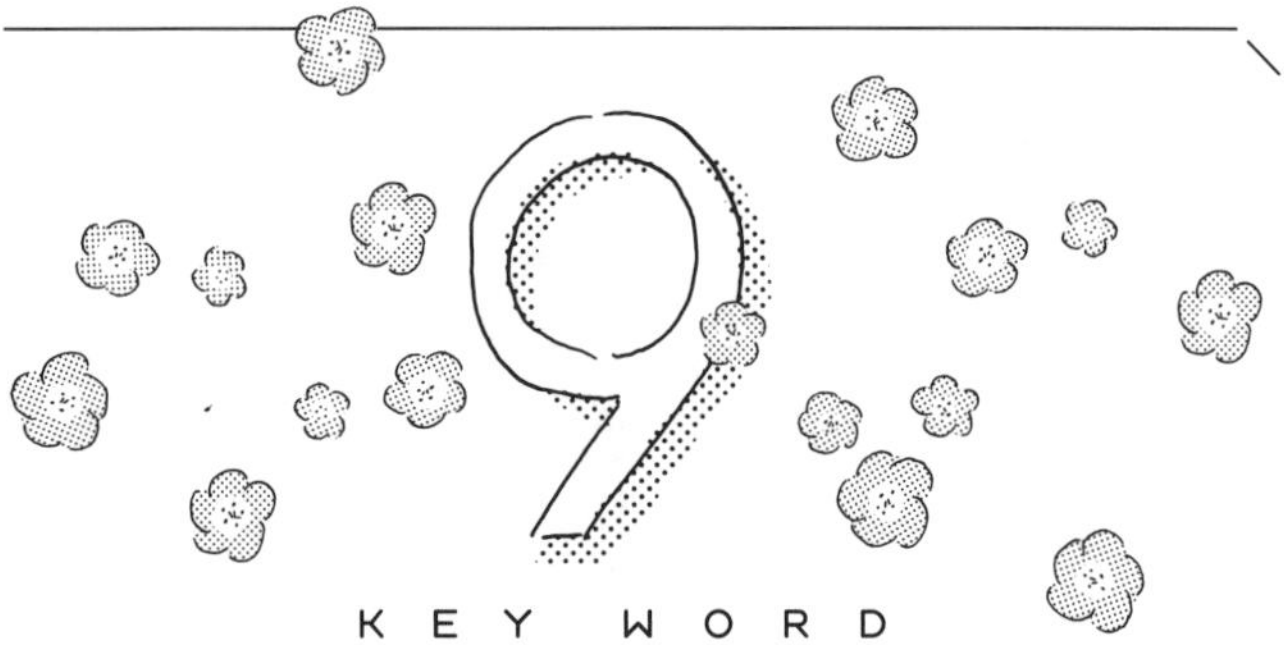

KEY WORD

長老、秩序、平穏無事、登場人物が多い、指導者、気をつかう、うんちく、説教、ものわかりがよい、バランス感覚、弱音、グチ、道理で動く、スタンダード、常識、義務感

9の本質

社会性を重んじ、人を正しき道にいざなう善意の人

人のことを常に気づかう

とても気をつかう人です。まわりの人にいつも気を配っています。

人の悩みにも親身になって向き合います。話をよく聞くことのできる人ですから、きちんとポイントを押さえて手堅いアドバイスをします。

ここまで人のことを考えてあげられる人は、ほかの数字では見当たりません。

生まれながらの指導者

生まれながらにして「指導者」「教育者」という役割を持っています。若くても指導的役割を担います。

指導者にふさわしく、理解力があり、物事がよくわかっている人です。「みんなのバランスをよくしたい」という思いがいつも胸にあります。

だからみんながあなたを頼りにします。あなたに話を聞いてほしいと思います。

何かあったときはあなたの意見を聞こうとするし、あなたが引っ張ってくれるのを待っています。

まじめな努力家

人を指導する役を担うわけですから、仕事も勉強もまじめに努力します。骨身を惜しまずがんばり続けるので、結果を出していきます。

何か目的のために「がんばる」というよりも、まじめにきちんとやるのが「当たり前」という感覚です。

9
NINE

またいろんなことに興味を持つので、知識も豊富です。

言葉の達人

言葉を使いこなすのが上手です。人を感動させたり納得させたりする話術を持っています。

態度も落ち着いているので相手を説得することも得意です。あなたの諭した言葉で人生が変わる人はたくさんいるはずです。

それを見届けるのはあなたにとって大きな喜びとなることでしょう。

「当たり前」という感覚

〔9の人〕には「当たり前」という感覚があります。

お行儀よくするのが当たり前だし、親を敬うのが当たり前。人にものを借りたらお礼をするのが当たり前、正しくするのが当たり前。努力するのが当たり前です。

だからいつもきちんとしていて、乱れることがありません。

「顔」を使い分ける

いろんな人と「大人の態度」で上手に付き合うことができます。円滑な人間関係のためにさまざまな顔を使い分けているところがあります。方便も使います。職場での顔、家庭での顔、友人の前での顔がそれぞれに違う多面体です。人間はそんなに単純ではないと思ってるんですね。

でもそれは決して悪いことではなく、顔を使い分けているからこそ、トラブルを避けることができるし、みんなをまとめることができるのです。

〈９の人〉の存在は集団のバランスをとるために、非常に重要です。集団が集団として成り立つとき、いつも〈９の人〉の調整力がはたらいています。

登場人物が多い

まわりのみんなのことをいつも気にかけているし、友だちと知人、近い人と遠い人の隔てがあまりありません。

その結果、人生における「登場人物」がとにかく多いのが〈９の人〉の特徴です。

9
NINE

〈9の人〉の舞台の上には、たくさんの人が乗っていてあふれそうです。

いつも目の前にいろんな人がいて、いろんなことを言ってくるのをすくいあげて、間違いを正して……と、身がいくつあっても足りないほどです。

「人をまとめる」という役目があるから、人のことを放っておけないのです。

その結果、いつも苦労するはめになってしまいがち。ストレスがたまって、ついグチが出ることもあるはずです。

実はほかの数字の人の人生には、これほど「登場人物」が多くありません。ほかの数字の「登場人物」が10人だとしたら、〈9の人〉の「登場人物」は50人、１００人規模です。そのくらいの違いがあります。

9の大切なこと

秩序を保ち、思いやりのある社会を目指したい

強い義務感に突き動かされる

〔9の人〕には理想とする世界があります。それは「人間一人ひとりが節度を持って、お互いを思いやる、秩序ある社会」です。理想に向かって指導者として義務感を持ち、ブレることなく努力をし続けます。それが〔9の人〕の魂の志向です。

その場を丸く収める力

お互いの意見をズケズケ遠慮なく言い合うような場や、トゲトゲした雰囲気が苦手です。和やかで、平穏無事であることを好みます。

だから少々イヤなことがあったり、嫌いな人がいても我慢して「大人の対応」をし

ます（でも案外気持ちが顔に出ています・笑）。

その場の空気を壊したくないから、反対意見があっても正面切って「反対です！」とは言いません。

自分の意見を言うときは、ちゃんと時と場所を考えます。あるいはうまく人を仕向けてその人に言わせるなど、策略家の一面もあります。

人が好き

基本的に人間が好きです。

みんなと仲良く楽しくおしゃべりしたり、ごはんを食べたりするのは大好きです。誘われると嬉しくて「行きたいな」と思うことでしょう。

人と積極的に関わることで苦労もするし、グチも出るけれど、でもやっぱり人に話を聞いてもらうことで癒されるし、ストレス解消もできるのです。

その際、オシャレなカフェでお茶を飲むとか、インテリアの素敵なイタリアンレストランでおいしいランチをいただくとか、「雰囲気のいい場」があなたを楽しませます。

9の仕事

「当たり前」という感覚で、堅実にきっちりこなす

仕事はやるのが「当たり前」

〈9の人〉には「当たり前」という感覚があると述べましたが、仕事に対しても「やって当たり前」という意識で取り組みます。

好きとか、生きがいとかではなく、寝て起きて、ご飯を食べるのと同じくらい自然に、やるべきこととして組み込まれているものです。

身構えずまじめに取り組み、いい加減なことは決してしません。

また知識も豊富で勉強家だから、結果を残せます。

たとえ「お金を稼ぐ」という意味での仕事をしていなくても、社会のなかでなんらかの役割を担って生きているのが〈9の人〉です。

向いている仕事は？

人を指導するという素質が備わっている人なので、そこを生かして、教師や指導員といった仕事に適性を発揮します。

言葉が巧みなので、講演業、研修講師、人事、営業職、販売員など、人前で話をする仕事も合っています。

また〈9の人〉にはお坊さん、牧師、政治家も向いています。これも指導的役目、言葉で人を諭す、癒すといった特性が発揮されるからでしょう。

抜群の調整能力

人の話をよく聞くことができ、うまくまとめるのが上手な人なので、「調整役」的な仕事が適任です。

特に「日本的」な調整術に長けています。表面を波立たせることなく、裏で上手に根回しして交渉を成立させるといった役をやらせたらピカイチです。

職種でいえばマネジメントや人事に向いているし、商社マンやバイヤーなど、交渉の必要な仕事についても才能を発揮することでしょう。

また生まれついての指導者ですから、管理職としてもすばらしい才能を発揮します。部下をしっかり指導するし、相談にも乗ってあげます。突飛な意見やルール無視の行動に直面した場合でも、うまく説得してその場を収めます。

9
NINE

9の恋愛・結婚

好きになった相手と結婚したい相手が一致しない

恋愛と結婚が遠い

〔9の人〕にとって、恋愛と結婚は遠い距離にあります。

結婚相手は「お行儀がいい人」「礼儀正しい人」「身元のしっかりした人」を選びます。

恋愛に関してはストレートで、わりとグイグイ行きます。駆け引きやテクニックをかなり使って意中の相手を落とします。

〔9の人〕の相手には、人にちょっと自慢できる要素が必要です。容姿や社会的ステイタス、学歴、才能、なんでもいいのですが、「ちょっと自慢できる♡」というのがポイントです。

結婚相手は条件を見る

結婚相手は周囲の人に「なるほど！」と納得されるような相手を選びたがります。経歴や仕事、社会的地位などの品格が大事です。みんなに祝福されて、受け入れられて結婚したいのです。

行儀がよくて、育ちのよさを感じさせるような人を求めます。

個性的で飛び抜けた特徴がある人ではなく、ある一定の信頼性が担保されていて、バランスのよい人と結婚したいのが〈9の人〉です。

ただ、好きになった人が、必ずしも品格があり、社会的地位の高い人とは限りません。逆に条件がそろった人がいたとして、その人が必ず恋愛対象になるわけでもありません。

そのため、〈9の人〉は、恋愛と結婚が結びつかないという悩みを抱えていることも少なくありません。結婚と恋愛が別のものだということを、〈9の人〉はしっかりとわかっているのです。だからこそ失敗の少ない賢者なのですね。

9
NINE

相性のいい数字

たとえば、1、3、5の数字の人は愛情で結婚相手を決めます。

しかし4、7、9の人は条件が先になります。好きなのに条件が悪いからダメということも多いはずです。

ただ、条件にこだわりすぎると、結婚までたどり着くのが難しくなります。

結婚を愛情の延長線上にあるものと考えてみてはいかがでしょうか。

「結婚というものはふたりで成長していくものだ、私がこの人を育てていこう」と思えれば、相手の選択肢はぐっと広がっていくはずです。

〔9の人〕がずっといつくしむことができるのは、かわいい〔3の人〕や自分にない情熱を持っている〔5の人〕。まるで正反対に思える〔3の人〕は、「甘える、甘えさせる」関係でうまくいきます。

〔1の人〕のフロンティア精神も〔9の人〕が持っていない魅力です。

同じように人に気をつかう〔6の人〕とは話が合い、穏やかな家庭をつくることができるでしょう。

いっしょに事業をやって大成功、子どもふたり東大に入れるなどという夢をかなえるなら〈8の人〉がグッドパートナーです。

〈3の人〉と相性がいい理由

前述した通り、数秘では1からはじまり、数字が増えるほどに複雑さが増します。〈9の人〉がいちばん複雑ということになります（11、22、33のゾロ目は別格です）。登場人物が多いのも、頭がいつもフル回転なのも〈9の人〉。大変なので、ちょっと現実から逃避したくなるときもあるのでしょう。

すると〈9の人〉と〈3の人〉の相性がいい理由がわかります。〈9の人〉は〈3の人〉の「地上と繋がらない感覚」を求めていて、逆に、〈3の人〉は〈9の人〉の「地上にしっかりと根づいている感覚」を求めているのだろうと思います。

お互いが癒し合っていることで、子どもの数字である3と、老成している数字の9の不思議な相性のよさが成立するのですね。

9
NINE

家族をまとめあげるよき家庭人

結婚生活では、とてもよい家庭人になります。家族の話をよく聞けるし、社会性がある人なので、親せき付き合いや近所付き合いもしっかりこなします。

また地域活動やＰＴＡなどもまじめに取り組むので、みんなに頼りにされるでしょう。

〔9の人〕は「断ること」が苦手です。地域やＰＴＡの役員なども断れずに引き受けてしまいがち。結果としてやることが多すぎて、自分が苦労することになりかねません。なるべく負担にならない範囲を心がけましょう。

バランスのとれた親

〔9の人〕はすばらしい親になります。子どもの言い分に耳を傾けつつ、上手に説明をしながら、正しい方向に導くことができます。極端なことをやらせたり、独善的に支配することはありません。

しかし、子どもが3や5の場合は、常識を押しつけすぎないよう、注意してください。もしかしたら〈9の人〉の「人に気をつかって生きにくい」という縛りを壊すために、あなたの子どもとして生まれてきたのかもしれませんよ。

〔9の人〕の特徴いろいろ

健康管理｜みんなのことを気にかけて、面倒を見るのは〔9の人〕にとって「ふつうのこと」ですが、クタクタに疲れてしまうことも多いはずです。登場人物の数＝気苦労の数でもあるのです。

だから〔9の人〕はよく寝ます。リセット方法として睡眠を使うのです。また、ストレス発散に食べるので、肥満に悩む〔9の人〕もいます。しかしストレスが体に出るので健康管理に人一倍気をつかっています。大病になるまで放置したりはしません。

香りをそばに｜気分を落ち着かせるためには「香り」を使うことがおすすめです。朝起きたときにその香りをかいだだけで気分が上がるような、お気に入りの香りを用意しておくといいでしょう。ムスクやラベンダーの香りはあなたを日常からワープさせてくれます。ココナッツの香りは、南国にいるかのような解放感を与えてくれるでしょう。

ドラマが好き――テレビドラマが好きだったりします。ドラマは現実とかけ離れた世界。現実の人間関係に疲れがちなので、癒しになるのです。

老舗が好き――お買い物は三越、髙島屋、伊勢丹。車はベンツ。お歳暮はとらやのようかん。ブランドを誇示したいわけではなく、安心を担保したいのです。よく知っている包装紙＝「大丈夫感」があるのですね。きっと相手の方にも安心感と特別な気持ちを伝えられるだろうという気づかいですね。

趣味の友だちがたくさん――草野球、フラダンスなど、明るくてみんながやっていて楽しそうな活動を好みます。あちこちにコミュニティをつくり、友だちもたくさん。みんないっしょ、みんな同じが好きなので、そろいのユニフォームで楽しく活動します。流行っているアクティビティなども積極的にチャレンジするタイプです。

9
NINE

私設警察――道理や道徳を大事にする人なので、人がマナー違反をしたり、社会倫理に反するようなことをすると、ついつい目についてしまいます。

ほかの数字の人なら見逃してしまうようなことにも、〈9の人〉は気づいてしまうし、見て見ぬ振りということができないタイプ。

いらぬ注意をして「おせっかいな人」「面倒くさい人」と思われてしまったら損です。「これは自分に関係ないことではないか」と自分に問いかけてみることも必要です。

心の声が出る――「あるべき秩序」を乱されると、イライラしてしまいます。

特に家族や友人に対しては、仕事や人間関係のグチが多く出てしまいがち。家族は「またグチか……」と思っているかもしれません。でもふだん外でがんばってるんですものね。どんどん言いましょう。

〈9の人〉のグチは、人を口汚くののしるとか、人格否定をするとか、組織を転覆させてやるとかいった大きな悪口ではありません。かわいいストレス発散です(笑)。

非難されることが怖い――人から悪く言われたり、非難をされたりすると、とても傷ついてしまいます。人のなかで生きる人だから、孤立することは〈9の人〉にとって大きな恐怖です。「生きにくい」という言葉を発する〈9の人〉に何度も会いました。

つらいときはあなたの味方に助けを求めましょう。あなたはいつも人のためにがんばっているけれど、逆に自分が助けてもらうことだってあっていいのです。

悩みをだれにも言えないでいると、どこかでひずみが生じます。なかにはネットで暴言を吐いて憂さ晴らしという行為に出る人もいますが、それは本当に危険なこと。命取りとなってしまうこともあります。

あなたの弱みを見せられる人、いっしょに「つらいよね、イヤになるよね」と共感してくれる人を探しましょう。冷静に受け止めて、他人事だと気づかせてくれる〈7の人〉などがいいかもしれませんね。

情報通――〈9の人〉はいつでも世の中のスタンダードをおさえています。飛び抜けたりはみ出したりしたくない人です。よくまわりを見て、冷静に自分の立ち位置を把握し、修正しています。全体を把握する、という意味では、人並みはずれた情報量を持っているし、新しいことや人気があることには敏感です。話が上手で楽しく人に伝える話術もあるので、情報通として、みんなの人気者になっているはずです。

自分にフォーカスすると願いがかなう――人のことばかり考えているあなた。人の幸福を願うのはすばらしいことですが、自分の夢をかなえたいなら、自分にフォーカスしてみることが必要です。たとえばお子さんの受験の合格を願うなら、「○○学校の入学式に晴れがましい姿で臨んでいるあなた」をイメージするのです。堂々と自分の幸せを願っていいのですよ。

自分に言ってほしい言葉

「疲れたら、休もう」

いつもがんばってますね。ストレスが「疲れ、だるさ」といったかたちで体に出るのが〈9の人〉です。疲れてクタクタになる前に休みましょう。「休む」という指令をあなたに出せるのは、あなた自身しかいません。

「気にしない、気にしない」

あなたは学校の先生のように、クラス全員、四方八方に気を配ります。あなたはいつも正しいし、あなたの周囲には老若男女問わず律しなくてはいけない人々が、たくさんいることでしょう。でも、それはあなたの思い込みかもしれません。

あなたは彼らの担任の先生ではありません。人には人の価値観があって、わかりあうことがむずかしいときもあります。あなた自身が傷つかないように、まわりを気にしない癖をつけましょう。気にしない！　気にしない！

9
NINE

「時間が経てば解決することがある」

思い通りにいかないことがあったとしたら、それは、時間にしか解決できないことかもしれません。人はあなたのように経験豊富で物事を悟っているわけではありません。時には待ってあげることも必要ですね。あなた自身のためにも。

他人に言ってほしい言葉

「えらいね。すごいね」

あなたがフォーカスしがちなのは、人の「直すべき点」です。全体の底上げをしたいあなたは、いいところを伸ばすよりも悪いところを直すべきという発想をします。しかしたいていの人はほめられたい生き物です。ぜひほめてあげてください。良いところが伸びれば悪いところもおのずと改善されるものです。

「自分で考えてやってごらん」

あなたは「教えすぎる」きらいがあります。人は教えすぎると依存します。「放置して待つ」というのはあなたの苦手な方法ですが、それが時に予想以上の結果をもたらすこともあるのです。結局人間は自分の力でやっていくしかないのですね。

「てへぺろ」

みんながあなたを頼りにしているはずです。あなたならなんとかしてくれる。そう思っているでしょう。たしかにその通りですが、あなたにも力を抜いて楽しみたいときがあります。そんなときには無責任に逃げちゃいましょう。あなただけが犠牲になる必要はありません。無邪気な子どものように笑ってごまかしましょう！

ELEVEN

11

KEY WORD

勇気、人助け、本質を見抜く、
親分・姉御、無私、救世主、人より早く気づく、
不屈の精神、グイグイいく、目立つ

11の本質

人を助け、導く役割を持って生まれた人

モーゼのごとく、人を導き、救う

〔11の人〕には本質的に「人を助けたい！」という強い思いが内在しています。

人のために生き、人を助けることで存在意義を発揮する人です。人助けをしていないと生きている感じがしないくらい、いつもだれかの役に立ちたいと考えています。

カバラ数秘術では〔11の人〕は「神様から人を助け、導くことを役目として託された人」とされています。

だれに言われたのでもない、教育でもない、まるでかの聖人「モーゼ」のように、生まれながらに「人助け」というカードが備わっている人です。

どの場所にいても、とっさのことが起こったときも〔11の人〕は不思議と自然に体が動いて人を助けているはずです。

たとえば自分の子どもと人の子どもが同時にピンチを迎えていたら、自分の子どもより人の子どもを優先して助けてしまうようなところがあります。

そのくらい「救済」の精神が刷り込まれているのです。

そして人を助けているときの〔11の人〕は輝いています。

〔2の人〕との違いは？

〔11の人〕は〔2の人〕と「人を助ける」という部分では同じですが、ある大きな違いがあります。

それは「見ている世界」が違うのです。

〔2の人〕が「目の前の人」「自分の所属する組織」を見て、そこを救おうとするの

に対して、〈11の人〉はもっと広い世界を見ています。

神がかり的な愛、人類愛ともいえるものです。

また〈2の人〉は繊細で、どこか自身の不安から人にやさしくするところがあるのに対し、〈11の人〉はもっと強くポジティブで迷いがありません。

もちろん「いい、悪い」とか、どちらが「格上・格下」とかいう話ではありません。〈2の人〉と〈11の人〉では生まれ持ったミッションが違うだけのことです。

だから表面に出ている性格も違います。

〈2の人〉がどちらかというと奥ゆかしくて、おとなしい人が多いのに対し、〈11の人〉はグイグイいきます。突っ込んでいく感じ。行動力があって、親分肌、姉御肌といった人が多いのも特徴です。

〈2の人〉が女性的だとしたら、〈11の人〉は男性的でドライであるともいえます。

物事を見通す力

〈11の人〉には本質を見抜く力、物事を俯瞰して見通す力があります。直観力も鋭いです。時に神がかり的でさえあります。

不正もズバッと見抜きます。

そして〈11の人〉の言っていることはたいていの場合、「正しい」のです。

なぜ正しい判断ができるかというと、それは〈11の人〉の言うことが「無私」の精神からきているからです。

それから〈11の子ども〉のなかには「霊感」がある子がいます。目に見えないお友だちとお話ししています。

大人になるとそうしたセンサーは子どもほど敏感ではなくなりますが、〈11の人〉はほかの数字より「感じる人」が多いようです。

だれに言われなくても「見えている」「わかっている」〈11の人〉。

私があなたに言えることなんて何もないような気がします。

ただ、いままでの努力にねぎらいたいと思います。

もし、あなたが消耗して疲れてしまっているとしたら、〈11の人〉の使命と勇気と能力について、いっしょに思い出していく役目を、本書が果たせるかもしれません。

11 ELEVEN

ゾロ目の人々

〈11の人〉〈22の人〉〈33の人〉のゾロ目の数字に共通するのが救済、人助けです。しかし同じ救済でも、それぞれの数字によって違いがあります。

〈11の人〉は「目の前の人のピンチを救いたい」という気持ちから、自ら動いて救済をしようとします。

〈22の人〉は人を、「経済的に」救いたいと考える人。

〈33の人〉は能動的に救済するわけではありませんが、全部受け入れ、人を排除しない、という意味で助けられる人がいます。

11、22、33のゾロ目は、バックボーンはさまざまですが、人助けの使命を背負って生まれてきた人生といえます。

逆にいえば、人を助けることができるだけの「能力と運」に恵まれた人生ということができます。その力をまっとうすることが、今生の「お勤め」なのです。

11の大切なこと

具体的に役に立ちたい

見返りへの期待や打算のない人生

〈11の人〉にとって、「人助け」は本能であり、「ご飯を食べる」「寝る」のと同じくらいの、ごくごく当たり前のこと。現実的に、具体的に役に立ちたいと考えます。

そこに見返りへの期待や打算はありません。望むのは人のためになることで、ほかから称賛されることは望んでいません。

人を助けて喜んでもらえたときの達成感こそが〈11の人〉の喜びであり、幸せなのです。

だから職場や集団の人間関係においても、イニシアティブを発揮して、いつのまにか指導者の立場になってしまいます。

そういう意味では〈11の人〉は尊重されるべき人だし、指導的立場がふさわしい人です。

あまりないことでしょうが、バカにされたり下に見られたりするのは苦手です。〈11の人〉が尊敬されなかったり、低く見られたりする場所にいるのはとてもつらいことで、心が腐ってしまう場合もあります。その場合はもう居場所を変えたほうがいいかもしれません。

すばやく、具体的な人助け

この本を書くにあたって大変にお世話になった方がいます。11の方です。実は次項の〈22の人〉がまったく鑑定に来てくださらないので（笑）、蓄積データが非常に少なかったのです。そのことを11の方にご相談すると、ご親族や会社の同僚、その知人の方にまで声をかけてくださり、あっというまに何人もの〈22の人〉をご紹介いただきました。

「短期間に」「具体的に」助けていただき、「ザ・11！」と感心しました。感謝を申し上げても「たいしたことをしたわけではない」と恐縮されていました。その奥ゆかしいお返事もいかにも11らしく、素敵でした。

「人助け」がピンとこない場合は……

〈11の人〉のなかには、「人助け」というキーワードにたどり着いていない人も多くいます。実際「人助けと言われてもピンとこない」という人も少なくないでしょう。

人助けといっても、「おぼれた人を海に飛び込んで助ける」「発展途上国で井戸を掘る」といった大きなことだけを指すのではありません。

小さなことや日常のささいなこと、疲れている人の荷物を持つのも、電車で席をゆずるのも、だれかにだれかを紹介するのも立派な「人助け」です。

〈11の人〉はなんらかのかたちでだれかを助けています。

まず、そのことを自覚してほしいと思います。

あなたのまわりには、「あなたのおかげで助かった」という人が、きっとたくさんいるはずです。

11
ELEVEN

困難に立ち向かう力

目の前にあるミッションがどんなに困難であってもあきらめたりしません。とにかくがんばってみる。とにかくやってみる。できるところまでやってみる。

そんな行動力、不屈の精神にまわりの人は感動することでしょう。

一方で、「自分のため」となるとあまり力が発揮できません。「自分のため」がモチベーションにならないのです。

だから私腹を肥やすなんてできません。自分の欲のため、腹黒いことをするなんて〈11の人〉にとっては考えられないことです。

11の仕事

「誠実さ」に人がついてくる

職場でも「人を助ける人」！

〔2の人〕と同じく、「人のためになる仕事」にすばらしい能力を発揮します。

職業で言えば、医師、介護福祉士、看護師、消防士、救急救命士など。社会起業家なども向いていています。

直接的に人を助ける仕事でなくても、その職場であなたの存在がだれかのためになっていることは間違いありません。

どんな場所でも努力し、がんばっています。生まれつきリーダー性があります。誠実な姿に影響され、後に続く人がひとり増え、ふたり増え、気がついたら人の上に立っている、という感じです。

何人かのチームや組織があったらトップに就き、そこから自然と上へ上へと押し上げられていきます。

部下を持ってこそ特性が生きる

そして〔11の人〕には部下がいたほうがいいです。人を導くのがお役目ですからね。

ただ〔11の上司〕は、部下にけっこう厳しいようです。〔11の人〕にしてみれば「給料も上げたい、出世もさせたいからがんばれ！」という思いから、厳しく言ってしまうのです。

部下はそれを怖がるかもしれないけれど、最終的には〔11の上司〕を理解し、リスペクトするでしょう。

なぜなら〔11の人〕の言うことは間違っていないし、相手を思いやる気持ちによる言動だからです。

11の恋愛・結婚

「助けてあげたい」からはじまる恋と、志の高い結婚

「なんとかしてあげたい！」から恋がはじまる

〈11の人〉の恋愛・結婚は「この人には自分が必要なのではないだろうか」「この人を自分がなんとかしてあげたい」というところからはじまります。

相談を受けているうちにほだされて、恋に落ちてしまうことも「〈11の人〉あるある」といえるでしょう。

ただちょっと気をつけてほしいのは、困っている人、弱っている人を助けたいという思いが強いがゆえに、満たされている人や円滑な状態の人よりも、「弱っている人」「ちょっとダメな人」に惹かれてしまう傾向があること。

それが後々、波乱のもととなる場合もあります。たとえば「この人は自分といるほうが幸せになるはずだ」と本気で考えて三角関係になったり、「相手に自分は必要ない」

と思ったらあっさり身を引いて別れを選んだり。〈11の人〉の恋愛にはトラブルがついてまわります。

結婚相手は運命の人

〈11の人〉にとって結婚相手は「共に助け合い、支え合う」パートナー。ふたりして困難を乗り越え、目的に向かって肩を並べていっしょに進んでいく「同志」です。

恋愛と結婚は分けて考えます。それは目的意識をしっかり持っているから。

恋愛においては「あぶなっかしい人」を好きになってしまう場合もままあるけれど、結婚相手となるとそういう人は選びません。選ぶとしても、「自分だったら相手を変えられる、なんとかできる」という勝算があって結婚します。

一生を共にするパートナーとして、結婚相手は「心根のいい人」を選びます。

人生の目的である「社会貢献」や「人助け」に理解を示してくれる人が条件です。

決して人を差しおいて自分たちだけが幸せになるとか、自分たちだけが成功してお金を儲けるなどという方向には向かいません。

だから〈11の人〉の結婚は志が高いのです。

婚活アドバイス

見通す力がありますから、どういう人と結婚するべきか、自分でわかっていることでしょう。

勘も鋭いので、結婚相手が見えるはずです。

でもいま現在、それが見えていないならば、あなたが自分で描いているミッションに付き合ってくれる人を「育てる」という気持ちで相対するといいと思います。

いま現在あなたの思いにピッタリよりそってくれないという「物足りなさ」があったとしても、それでちょうどいいくらいかもしれません。

11
ELEVEN

〔11の人〕の特徴いろいろ

火中の栗を拾う　瞬発力がありとっさに動く〔11の人〕。他人事、人のトラブルであっても放っておけなくなって口を出したり、手を出したりしてしまいます。それも自ら、直接的に行動することで困難に立ち向かいます。

しかしそれは時として「火中の栗を拾う」ことにもなりがちです。

まわりの人が「やめたほうがいい」と言っているのに、勝手に体が動く感じです。

その結果、「よけいなお世話」で終わってしまうこともあります。人によってはあなたを恨み、あなたを非難するかもしれません。

でも〔11の人〕のやっていることはたいてい「正しいこと」です。

一時的にまわりの恨みを買ってしまったとしても、「時間軸」で考えれば、「あのときああ言ってもらってよかった」「あのおかげで助かった」という結論になるはずです。怒っていた人も〔11の人〕に対し、「あのときは悪かったなあ」と思うことでしょう。

周囲が気づいていないことを率直に進言するので、どうしても波乱気味の人生になってしまうし、そのことで空回りしてへこむこともあるかもしれないけれど、それも〈11の人〉にとっては「お勧め」。あなたはあなたのままでいいのです。

人からどう思われてもいい――フォーカスしている部分が自分以外なので、自分がどう見られているかなど「どうでもいい」ことなのです。ごくたまに孤立している自分に気づいてさみしくなることもあります。

「お勧め」を自覚する――今生は「人のために生きる人生」。それをわかっている人は迷うことなくまっすぐ歩んでいきます。わかっていない人は「なぜトラブルになってしまうのだろう？」と、悩みが多いでしょう。

「これが私の生きる道だ」と自分で気がつけば、迷いがなくなります。

息抜きの方法を持っている――お酒が好きだったり（力が抜ける酒を飲む）、映画が好きだったり、野球をしたり、何かしら自分なりの息抜き方法を持っている人です。

ときどき全部投げ出したくなりますが、そんなときは布団にこもってパワーチャージ。実際に投げ出すことはめったにありません。

移動が多い―仕事でも遊びでも常に動いています。転勤、転職も多く、部署異動などがあってもストレスになりません。新しい人に出会うことを前向きにとらえます。

好きな場所―職場、布団のなか、秘境といわれる場所、キャンプ場。

養子や里子―〈11の人〉と〈33の人〉は血のつながりをあまり重視しません。その結果、養子縁組で新しい家族をつくったり、里親になったりということもできる人です。何かを育てることは特に得意で、動物、植物、生徒、部下など、相手の成長を心から願うことのできる澄んだ心の持ち主です。

鬼コーチ―ある種の厳しさを持っています。指導するというお役目があるから、ヘラヘラしていてはそれが達成できないのです。ブレない力強さで「ここはこうだよね！」とビシッと線を引いたり、やや強引に人を引っ張って行こうとするところもあります。指導者として厳しい態度にならざるをえないときもあるわけです。救世主というより鬼コーチに見えるかも（笑）。

決して怖いとか威圧的ということではありませんが、ふんわりニコニコ〜♪という感じではないかもしれません。

でも心の底からいい人。

ウルトラマン――〈11の人〉はだれかが「助けて〜」とSOSを出そうものなら、さっそうと飛んでいきます。まるで地球を守るウルトラマンです。

しかしここもウルトラマンと同じなのですが、ひとりを助け終わるとさっと次の人に移って行ってしまうところがあります。

3分間タイマーとまではいいませんが、その場にとどまって、アフターケアをするという感じではありません。

その意味では自由な精神性を持っています。あなたは自由な人なのです。

11
ELEVEN

家族は怒る（笑）――人に頼まれるとなんでもホイホイ引き受けるけれど、家族は後回し、なんてことになっていませんか？
〈11の人〉の家族、特にパートナーは往々にして「人のことばっかりやって！　まずうちのことをやってほしい！」と怒っています（笑）。
家族に案外冷たい、つまり自分に厳しいということなのです。

お金はなくても平気――お金にはあまり興味がありません。必要なときに必要なだけあればじゅうぶんと考えています。お金が入ると「どこに使おうかな」などと考えて、「貯めておく」という考えは思いもつきません。
でも〈11の人〉はお金がなくなったとしても大丈夫な人生。何かしらのお助けがあって、ちゃんと生きていけます。そんな「徳」が生まれながらにして備わっているのです。

休むのが苦手――じっとしているのが苦手でいつも動き回って、休まない人です。
もともと〈11の人〉はメンタルも体も強いです。

それでもやっぱり人間ですから、疲れたり、ストレスがたまってしまうこともあるでしょう。

そういうときは意識して休むことが必要です。

でも休むのが苦手なんですよね……。

いちばんいいのは「何もしないこと」なのですが、〈11の人〉は「何もしない？それはどうやってやるの？」と聞いてきそうです（笑）。

たとえば自分の好きな物を全部手もとに置いて「カウチポテト４時間」などと決めて実行してみたらどうでしょうか。「時間」を決めるのがポイントです。

マッサージを受けるのもいいけれど、〈11の人〉の場合は、「気」に敏感なので、人（マッサージの施術者）を選ぶかもしれません。自分に合った人が見つかればいいのですが。

都会から離れるのも休養になります。

それと〈11の人〉は、「目に見えないなんらかの存在」が「少し休みなさい」とメッセージを送ってくることがあります。ピンときたときはその声に素直に従ったほうがいいでしょう。

11
ELEVEN

悪いことは口にしない――〈11の人〉は「言霊《ことだま》」を持っています。言葉に力があるのです。グチ、悪口、将来の不安、悪い未来の予言……、こういった言葉には要注意です。言葉が現実を引き寄せるから。

ポジティブなことをどんどん口に出したほうがいいです。「きっとよくなる」「絶対大丈夫」「嬉しい」「幸せだ」。

自分が引き寄せたい未来をジャンジャン口にすることによって現実化します。

自分に言ってほしい言葉

「今回は時間が解決してくれるやつだ」

あなたは間違っていません。いつだってあなたは正しいです。でもうまくいかないことはありますね。そういうときには「時が満ちていない」と考えるべきなんです。時間差であなたの正しさが証明されます。急いで解決を求めない。これはあなたが生きていくうえでのコツなんですよ。

「ほかの人はまだ気づいていないな」

あなたはだれよりも早く異変に気づくでしょう。そして対策を練るでしょう。このスピード感がほかの人にはわかりません。「何を大げさに言ってるんだ」という反応をされてイライラするかもしれません。わかってもらえなかったとしても、しょうがないのです。あなたは導くことが仕事なのですから、あなたの指導力を発揮すればいいのです。

11 ELEVEN

「自分がこの人生を選んできた」

うすうす感じていると思いますが、あなたの人生は平坦な道ではありません。多かれ少なかれ苦労があるでしょう。たまにはへこむこともあるはずです。

しかし思い出してください。

あなたは「人を助けるためにあえてこの人生を選んできたのだ」ということです。決して運が悪いわけでも流されているわけでもありませんよ。

他人に言ってほしい言葉

「私がいるから大丈夫」

あなたのそばにいる人は臆病な人かもしれません。あなたがいると安心できるから近くにいたがるのでしょう。あなたが「大丈夫」と言ってあげれば心から安心できます。どうしても頼られてしまう人なんですね、あなたは。

「あなたが好きだから言うの」

あなたは厳しい人だと思われているかもしれません。あなたの考えには一本筋が通っていて反論ができないし、いつも正しいし。言い方も率直なはずです。あなたがこう言ってあげれば、相手は嫌われていたわけではないのだなとすごく安心すると思います。あなたの言うことも素直に聞いてくれるでしょう。

「いいんだよ。自分が好きでやってるんだから」

人がだれでも無償の愛を与えるわけではありません。なんか裏があるのでは？と思う人も多いでしょう。あなたが何かの見返りを期待しているわけではないことをわかってもらいましょう。だれしもがあなたのように損得勘定がないわけではありませんものね。

TWENTY TWO

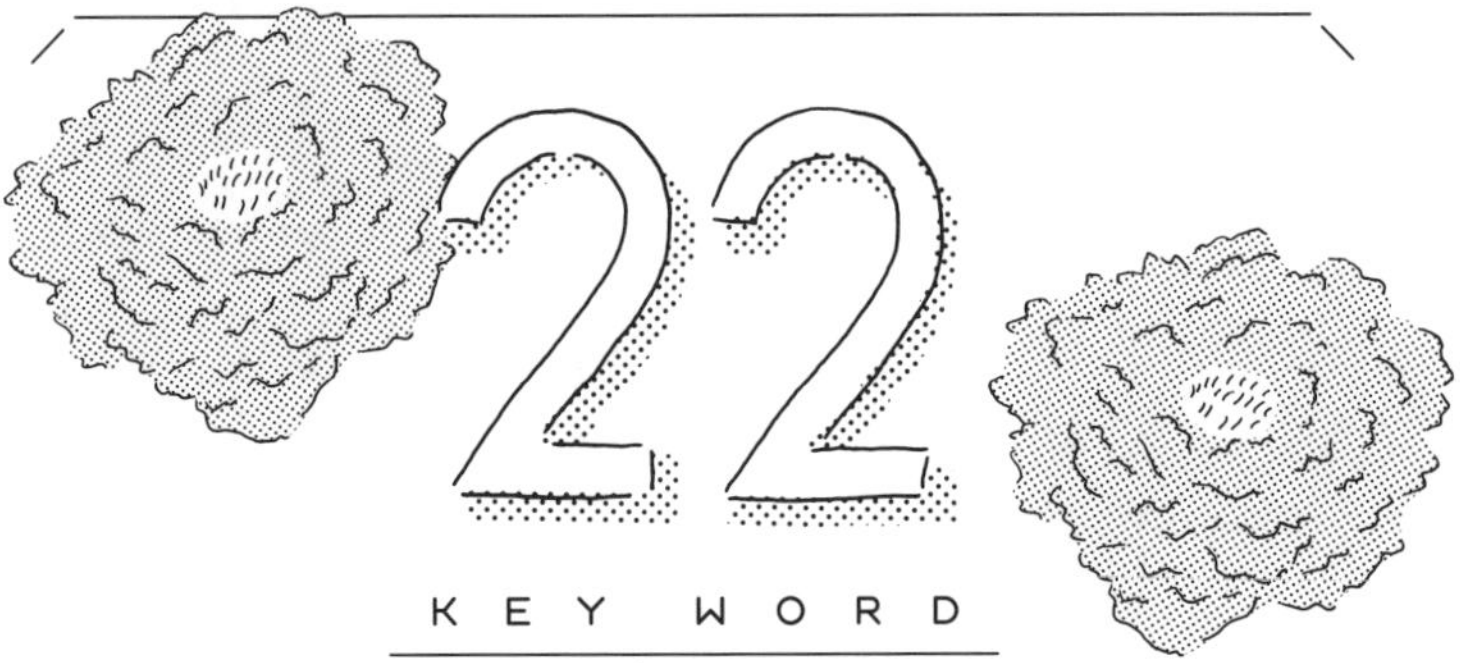

KEY WORD

還元する、しなやか、明るい、仕事大好き、影響力、
人が集まる、お金がついてまわる、不安がない、強いメンタル、
人をゆるす、頼りにされる、夢を実現する

22の本質

強くしなやかに生き、夢を実現していく

思い通りに生きる

〔22の人〕はきわめて高い能力と才能に恵まれ、思い通りの人生を生きていく人。

自分が何をするべきなのか、その先にはどんな成功や成果が待っているのかがわかっていて、その通りの結果を出します。物質的な成功で世間を動かす人です。

少々の困難があったとしても、うまくしなやかに立ちまわって、自分の思いを実現していきます。

「みんながよいと思うもの」を創りだす才能があります。その世界での「先駆者」となります。

影響力が強く、目立ってしまう

「影響力」がすごい人です。この人の言うことややることは、まわりの人や世間に大きな影響を及ぼします。

でも本人はあまりそれを意識していません。

目立つ人です。人が集まる中心にいるし、一風変わった考え方や革新的な行動をするので、何かと注目を集めます。

でも本人は「こうやれば成功する」ということが明確に見通せているので、そのための合理的な行動としてやっていること。最終的にみんながついてくればそれでいいと考えています。

不安がない

すべての数字のなかで私のもとにいちばん「鑑定に来ない」人です（笑）。

22
TWENTY TWO

困っている〔22の人〕、悩んでいる〔22の人〕はまず見たことがありません。鑑定に来られたとしても、悩みの対象は自分ではなくご家族のことだったりします。
この本をいちばん必要としないのはあなたかもしれません。
〔22の人〕には不安がないし、他人の助けを必要としない強さがあります。

ムダのない合理主義者

ブレがありません。

何事も自分で納得してから動きだします。他人に言われて翻意するようなことはありません。自分のなかでいつも成功へのシミュレーションができています。

合理主義です。理詰めで物を考えるし、スケジュールも完璧。成功に向かって効率的に動きます。

恵まれた人生！

物質的に恵まれています。

裸一貫でスタートしても着実に歩み、運を味方につけ、財を築きます。

お金のことをよく考えています。お金を肯定的にとらえて、「このくらいはほしいな」「あの口座にいくらあるな」といつも意識の上にあります。貯めこむのではなく、使うときは気持ちよく、スパッと使い、人に分け与えるのも好きです。

「金は天下のまわりもの」と思っている節があり、自分がお金を使うことで、まわりまわって困っている人のところに行けばいいというような思考をします。

決して自分だけが貯めこんで金持ちになって得をしたいとは考えません。

お金は知識や情報と同じで、有益に使ってこそ価値があるということをよくわかっている人です。

〈4の人〉との違いは？

〈22の人〉も〈4の人〉も、お金や物質がついてまわる本質は同じですが、〈22の人〉は「お金がないと不安」「不動産がないと安心できない」というとらわれがありません。そのぶん自由に生きています。

ルールは守るし、納得してから動きたいところも〈4の人〉と同じですが、〈22の人〉のほうがより柔軟性があり、縛られている感じがありません。〈4の人〉と比べてやわらかい雰囲気です。

〈4の人〉が全体的に素直で考えていることが顔に出るのに対し、〈22の人〉はなんとなく「謎」な感じもあります。

自分の弱さを認められる強さを持つ

〈22の人〉は自分が間違っていたら潔く謝ることができるし、自分の弱点も認めて、受け入れる強さがあります。

柳のようにしなやかで、ボキッと折れるということがありません。実はこういう人がいちばん強いのです。

成功してもそこに執着せず、どんどん変化していくことができます。目的意識がはっきりしていて、そのときの状況や成長の度合いをはかり、環境を変えてキャリアアップしていきます。

自分の変化はもちろん、他人の変化を受け入れる度量の広さもあります。

正義の人

正義感が強いです。不正やズルいこと、理不尽なことはゆるせない人道主義者です。ただし、不正を見聞きしたとき、すぐに激昂するようなことはなく、冷静な対処ができます。同じく正義感の強い〈11の人〉がひとりで突っ込んでいく感じだとすると、〈22の人〉は、組織をつくって数の力を行使する感じです。大きなムーブメントをつくるのです。

22
TWENTY TWO

22の大切なこと

自分の成功をまわりに還元する

キーワードは「還元」

〔22の人〕の人生におけるキーワード、それは「還元」です。

成功し、何かを得るために、高い能力を発揮して、一心にがんばります。

そして、自分が何かを得たとき、それをまわりの人すべてに還元していきます。

自分ひとりが成功すればいいという発想はありません。

自分や家族のことと同じようにまわりの人のことを考えます。みんなが幸せになる方法をいつも考えていて、みんなを救うために、まず自分が成功して、それを「還元」していこうとするのが〔22の人〕の人生観です。

振り回すようだけど……

〈22の人〉は、目標達成への最短距離を脇目もふらずに邁進します。非常に頭がよく、みんなの幸せのためにどう行動すればいいのか、明確に把握できているのです。

時としてそれは、まわりの人を置いて行ったり、振り回してしまうことになりかねません。

「勝手な人」と思われてしまうこともあるけれど、最終的にはあなたのおかげでみんなが幸せになるというストーリーが待っているはずです。

人が集まってくる！

人間的な魅力があり、人がまわりにたくさん集まってきます。人間を財産と考えていて、人望に厚い人です。

グループ、サークルや会社などをつくる才覚もあって、人を適材適所に配置することが得意です。

だから〈22の人〉のつくったチームはすごくうまくいくし、よく機能します。その

22
TWENTY TWO

核となるあなたはどんどん有名になり、成功していくでしょう。
ただし、〔22の人〕は常にトップやリーダーとして立つかというと、そうとは限りません。存在感があり、目立つ人だけど、「自分が、自分が」という自己顕示欲が強いわけではないからです。
場を仕切って、人をグイグイ引っ張るというより、ブレない精神力、決して悲観的にならないという人間性で、人をリードします。ものすごく強い言い方をしなくても、物事はあなたの思い通りに進んでいくのではないでしょうか。いつのまにかだれもが一目置く存在になっているはずです。

夢を実現させる人生

いつも夢を語っています。

〔22の人〕のすごいところは夢が夢で終わらないところ。高い確率で実現させます。何事もイヤイヤではなく、ポジティブに立ち向かっている。それが人を感動させ共振させるのでしょう。

一見大変そうな任務や役割であってもポジティブに引き受けます。

22の仕事

仕事大好き、仕事は社会貢献、仕事は自己実現

仕事が命！

仕事が大好き。「仕事は楽しくするもの」「好きだからやっている」という言葉を〈22の人〉からよく聞きます。

ほかの何よりも仕事を優先することが多いようです。優先するあまり身近な人を振り回すこともあります。

仕事をすることは人助けであり、社会貢献であるという気持ちも持っています。

たゆまぬ努力で成功

どんな分野でも成功する力があります。どの仕事についていても、現状に甘んずるのではなく、「もっと大きく」、「もっと広く」という向上心を持って、高いレベルで

22
TWENTY TWO

継続的に努力できます。

人脈を財産と考える人です。明るくて人間力があるので、人財に恵まれるのです。やはり人は、ポジティブで心が明るい人のもとに集まるのですね。

実力があるし、運もいいです。そう、運さえもあなたの味方です。

独立、自営

会社員もいいのですが、自営業で成功できる人。ぜひ起業し、人を使い、大きな事業を展開していってほしいと思います。

みんなのこと、公共の利益を広く考えられる人だから、政治家なども向いています。〈9の人〉も政治家に向いているのですが、それは「調整」「ネゴシエーション」のうまさから。〈22の人〉は、革新的な理念を掲げ、それを実現させ、人々に還元することのできる政治家になれます。

どこに行っても重要人物

〈22の人〉は仕事の場以外、趣味でもボランティアでも、地域活動であっても、その高い能力と人間性で確実に業務をこなし、重要なポジションにつきます。

できれば「お金」にまつわることに関わるとものすごく能力を発揮します。募金活動など、公共の利益の追求や慈善活動で活躍するでしょう。野良猫・野良犬の保護活動で成果を出し、名を成している人もいます。

22
TWENTY TWO

22の恋愛・結婚

自分を最大限に生かせる相手を選ぶ

相手は自分で選ぶ

話し上手でキラキラしている人ですからモテます。

パートナーは、自分のやりたいことや大事な仕事によりそってくれるかどうかを基準に選びます。

「選ばれる人」ではなく、「選ぶ人」。あなたが多くの人のなかから自分でパートナーを選び出します。

あなたに選ばれたパートナーは断ることができません。それをさせないオーラをあなたが持っているからです。あなたの行動力と努力する姿を近くで見ていたら、だれもが協力したくなるでしょう。

これまでも気に入った相手とは、スムーズに付き合えたのではないでしょうか。片想いで切ない思いをする〈22の人〉というのは、ちょっと想像できません。

恋愛にのめりこまない

〈22の人〉にとって、恋愛はそれほど重要ではないかもしれません。仕事や自分の活動のほうが優先順位が高いからです。

付き合った相手に勝手な要求をしがちな面も。たとえば「自分が仕事したいから、あなたは仕事をやめてくれないか」など。相手からすると虫のいい人に見えますが、悪気はありません（悪気がないぶん始末が悪いのですが・笑）。

恋愛関係はオープン。二股をかけたりすることもあります。情は厚いのですが、決してのめりこまないのが〈22の人〉です。

ユニットをつくる

結婚して、家庭をつくる人ですが、好きで好きで結婚する、というスタートにはなりません。「自分の」パートナーと、「自分たちの」ユニットをつくるといった感覚です。

家族はとても大切にするし、子どももすごく大切にします。

子どもをかわいがるがあまり、よけいに手を貸したり、心配したりするところがあります。たとえば手を出してはダメなときに手を出してしまったり、甘やかしたり。

「家族とはこういうものだ」という縛りがちょっと強いかもしれません。

最強の「内助の功」

外に出て、持てる能力を生かすことで、〈22の人〉の特性が生きるのですが、家庭において「内助の功」というかたちで能力を発揮する人もたくさんいます。

夫を助けて、陰の実力者として、会社を大成功させたり、家業をうまく回して繁盛させたり。パートナーが自営業であったら、必ずあなたが手伝ったほうがいいと思います。

知り合いに、夫の会社の経理を長年手伝っていた22の女性がいます。事業の拡大に一役も二役も買ったうえに、4人の子どもの母親として、子どもたちを立派に育てあげました。子どもたちが巣立ったいま、さらに仕事に尽力し、会社はいまも成長を続けています。

お金に恵まれる運ですから、あなたと結婚した人はあなたの運で事業が成功したり出世したりと良い運をゲットします。「生粋のあげまん」といっていいでしょう。

22

TWENTY TWO

〔22の人〕の特徴いろいろ

頼まれるとイヤと言えない――頼まれごとの多い人です。頼りがいがあるし、人徳があるからです。そして、頼まれたらイヤとは言いません。人のために経済的支援をしたいと考えるのが〔22の人〕の本質なので、心が動いてしまうのです。

経済的支援といっても、直接お金を出すというより、「雇用を確保する」というように、継続的で本質を見据えた人助けができる人です。

オンとオフがはっきり――精力的に仕事をします。人がまわりにいてもまったく関係なくものすごい集中力を発揮します。そしてオフになるとこれまたすごく遊びます。

メリハリのある時間の使い方が、まさに「できる人」といった感じです。

一見地味――〔22の人〕は、一見「ふつう」に見えます。あまり物欲がないし、着飾ることもしません。でもよくよく見つめると、「ふつう」のなかに、きらめいているものが発見できます。華美ではないのに余裕がある風情の人が多いのです。

若くても女性でもボス――今回本をつくるにあたって、ふたりの22の方にお話を伺いました。20代の女性です。ひとりは経営者で、親から継いだお店を、みずからのセンスで拡大されていました。

もうひとりは、キャリアウーマンの女性でした。会社員ではありましたが、国内外の優秀な若者を集めてサークルをつくることを計画中でした。おそらく、彼女は近いうちに新しいビジネスのムーブメントを起こすと思います。ふたりとも、若くても、女性でも、「大物感」「ボス感」が漂っていて、さすが22！と感心しました。

責任を取る――責任を取るのが得意、というか、責任を取りたがる人です。「私が責任取るからやろうよ！」「ぼくが人を集めるよ」と言って、自己の責任のもと、大きな動きをつくりだします。

人間が好き――〈22の人〉のまわりには仲間が必ずいます。人脈を広げ、長く続く交友

22 TWENTY TWO

関係を築き、身内でも他人でも同じように大切にします。人間が財産であることを、よくわかっています。

嬉しそうに笑う——充実した人生を送っている人の余裕があります。いつでも、どんなときも自分のやっていることに自信があるんですね。明るくておいしいお酒を飲み、仲間といっしょに嬉しそうに笑います。

お金と仕事がないときもある——「人が何を言おうと、自分がよいと思えばよいのだ」というしっかりした価値観を持っている人ですが、仕事がない、お金がないというときには全部がダメになったような気がしてしまいます。〈22の人〉にとって物質的な成功は必要条件だからです。

でも心配は無用です。それは自分でもわかっているはず。一時的にちょっとしたインターバルとしてお金が入ってこない時期があるだけで、最後は絶対にうまくいく人生です。自分を信じてください。

おしゃべりでエナジーチャージ――〔22の人〕は基本的にメンタルが強く、体も丈夫です。ただし、気力が途切れたとたんガタッと体調を崩す心配があります。

気力を保つためには人とのおしゃべりが効果的。〔22の人〕は人が好きだから、人と話すことで気力やエネルギーが湧いてくるのです。

今後行きたい海外旅行のこと、新しい仕事で得られるチャンス（あなたのまわりはいつもチャンスでいっぱいです）など、明るい未来のことを前向きに楽しく話しましょう。

カフェでちょっと人と会っておしゃべりをしたり、お酒を飲みに行くのもいいでしょう。人と会うことで癒されて、エナジーチャージができるのです。

「感謝の言葉」で開運！――〔22の人〕にとって開運や引き寄せは、宝くじで一発当てて……といった偶発的なものではありません。

まずは仕事があって、仕事をして、社会の役に立って、その結果としてたくさんのお金を得る。そういう確実なルートで運が開きます。

開運のスピードやサイクルを速くしたいなら、「感謝の気持ち」がポイント。〔22

22

TWENTY TWO

の人」にとっては「ありがとう」という言葉が何よりの開運ツールとなります。

部下や取引先、家族に向けて、感謝の気持ちを口に出して伝えてください。そうすることで、どんどん仕事やお金が回ってきます。今日からやってみてください。

会社で書類を渡してくれた人に「ありがとう」。カフェでお茶を持ってきてくれた人に「ありがとう」。「急にどうしたの？」と驚かれるくらいでいいのです。

自分に言ってほしい言葉

「私が成功してみんなを助けよう」

すばらしい能力を使って成功して、富を還元していくことが自分の使命だと知っています。自他ともに認める実業家ですね。あなたが経済的、物質的に成功するのをみんなが楽しみにしています。

「私がいるとみんなが幸せになれる。
でも、私がいなくてもみんなは幸せになれる」

あなたは部下や家族を大切にします。自分の力でみんなを幸せにしたいと常に思っています。しかし、あなたも人間です。「限り」というものがあります。実はあなたの愛する人々は、あなたがいなくてもじゅうぶんに幸せになれるかもしれません。あなたのほうから、その手を離すときが、必ずくるのです。

22 TWENTY TWO

「私はまわりを振り回していないかな？」

あなたの人生には必ず「成功」の2文字がついてまわります。そしてそれを還元していく人生なのですね。しかし、そのためにだれかが犠牲になっているかもしれません。あなたのようなできる人間は、凡人の気持ちがわからない、ということもなきにしもあらず。

他人に言ってほしい言葉

「がんばっていることは、じゅうぶんにわかってるよ！」

あなたはすごく合理的で頭のいい人間です。仕事をすれば必ず結果を残せます。しかし結果に着目するあまり、できない人につらく当たったりしてませんか？　できる人の論理は時にそうでない人たちを傷つけます。あなたに惚れ込んでついてきてくれる人たちに感謝しましょう。そしてあなたは彼らの存在を肯定していると示してください。

「いっしょに幸せになろうね」

あなたは成功する人です。明確な目標があれば（仕事や事業にまつわる目標だと、よりいっそう成功しやすいでしょう）、どんどん歩んでゆく人です。あなたのまわりの人はあなたのその行動力に憧れています。同じ夢を見ようと誘ってみましょう。

「あなたを大切に思っています」

時にあなたのまわりの人は「自分は利用されているのではないか？」と疑います。あなたは成功を独り占めする気なんかありません。ちゃんとあなたの愛情を示してあげてください。愛を還元するつもりだと。

THIRTY THREE

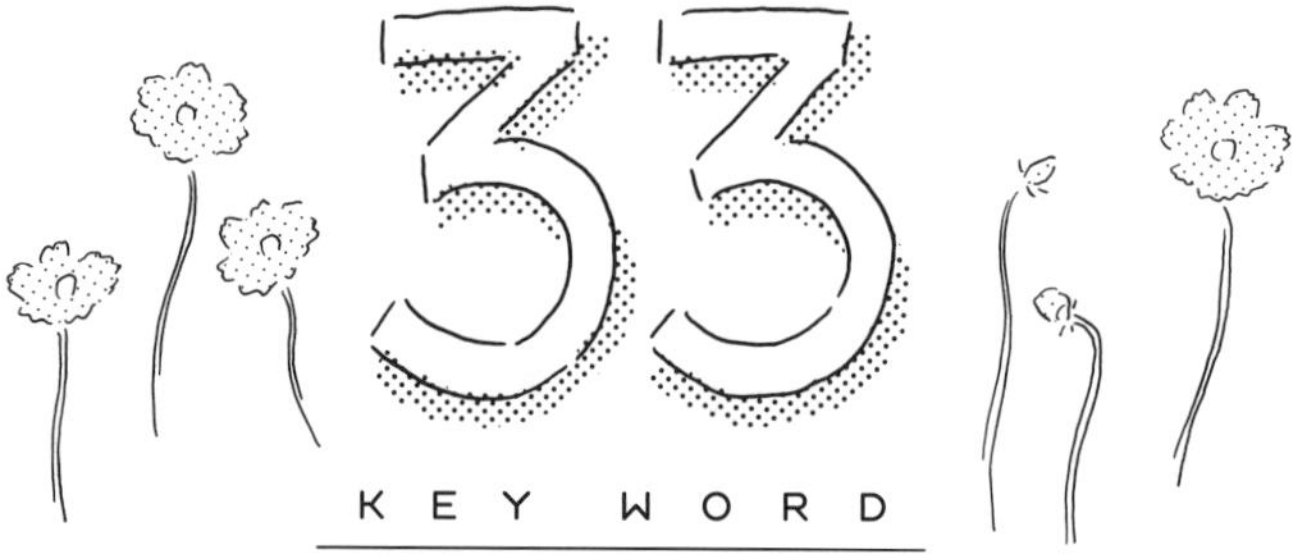

KEY WORD

制約がない、人なつこい、人気者、人に理解されない、自分のことがわからない、パワーがある、包容力、宇宙人、とらえどころがない、波乱万丈、自由、旅、両極端、変人

33の本質

あらゆることにとらわれない自由人

柔軟な発想でのびやかに生きていく魂

常識や既成概念に縛られず、自由な発想ができる人です。あらゆることに柔軟に対応し、行動できるのが強みです。

本質を見抜く力があります。だれもが「当たり前」だと思っていることも「本当にそうなの？」と自分の頭で考えて答えを出します。

めげない人

どんな状況にあっても「最後はなんとかなる」「自分は大丈夫」という不思議な確信を持っています。しんどい状況でもめげません。

そして実際にピンチに陥ってもなんとかなってしまう運の強さを持っています。

もちろん落ち込むこともあるし、挫折もあるのですが、果てしなく落ちることはなく、時間が経てば自然と立ち直る強さを持っています。

幸せを人にうつす人

そのままで「幸せ」な人です。何かを成し遂げたり、何者かにならなくても、ふつうに生きているだけで楽しいし、常にピースフルマインドです。

周囲の人も幸せにする力があります。だからみんながあなたのまわりにいたがるでしょう。あなたに会うために、遠くからやってくる人もいるはずです。「会いたい」と言われたらその気持ちにシンパシーを感じ、断らないのも〔33の人〕。

あなたがいるだけでその場は華やぎ、和やかになります。あなたが挨拶をしたり、微笑みかけるだけで、みんなが幸せになるし、あなたが慰めるだけで、傷ついた人の心は癒されます。

パターン化できない不思議さ

「〈33の人〉はこういう人です」と書いて、「そうそう！」と激しく納得してくれる人がいる一方で、「まったくあてはまらない」と感じる人もいるはずです。

そのくらい、ものすごく振り幅が大きいのが33という数字の特徴です。

両極端であることがパターンといえるかもしれません。

非常にまじめで社会性のある人もいれば、ちゃらんぽらんな逸脱者もいるし、あるいはだれかに依存しないと生きられないという人も少なくありません。

勉強ができる人もいるし、仕事ができる人もいます。

何をやってもうまくいかない人もいます。

ひとつの型や規格といったものに収まらないのです。

でもどんな人にも共通しているのは、「最後はなんとかなるし、大丈夫」ということです。

独自の価値観

独自の価値観を持っています。それは一般的な常識とかけ離れていることも多いのですが、周囲と衝突するほどではありません。

そもそも、人と合わせることにあまり価値を感じない人です。人からどう言われようと、どう思われようと、自分がやりたいことをやっていきたいし、何もしないかもしれません。

永遠の謎

人付き合いはいいし、人気者ではあるのですが、つかみどころ、とらえどころがない人でもあります。

自分ではふつうに暮らしているだけなのに「あなたっていったい何者なの?」と聞かれたりします。

生活感がないというか、俗世間からちょっと離れた「宇宙人」のような雰囲気を持っています。「永遠の謎」の人。

でもそんなとらえどころのない不思議なところが、〈33の人〉の最大の魅力ともいえるのです。

自分で自分がわからない

「自分のことがわからない」という人が多いです。

自分が何者なのかよくわからないし、自分が人からどう見られているかもよくわかっていません。それを気にしていない人も多い。だからとらえどころのない雰囲気になるのでしょう。

人から「あなたってこういう人だよね？」と言われ、「え？　私ってそんなふうに見られているの？」と驚くことも多いはずです。

また人から悪意のある言葉を投げかけられたり、極端な話、いじめられても気づかないようなところがあります。「寛大」「柔和」と見られますが、ぶたれても痛点がない感じです（笑）。

何かをする「ハメ」になる人生

対人関係でも仕事でも、自発的に何かをやるというより、「なんかおもしろそうだな」と首を突っ込んでいるうちに、「何かをやるハメになる」ということがよくあります。あるいは人を助けたり、相談に乗っているうちに、気づくとそれが仕事になっていたり、何かの役職についていてしまっていたり。

「気がついたらやるハメになっていた」というのが本当に〈33〉らしい人生です。だからこそ、〈33〉の人生はおもしろいのです！

〈6の人〉との違い

同じルーツから成る〈6〉と〈33〉。持っている雰囲気がやさしくやわらかくて、人気のあるところは共通しています。

何かをする場合、自分を取り巻く「雰囲気」が重要なことも同じ。〈6の人〉も〈33の人〉も仕事や勉強の環境がきちんと整備され、居心地のいい雰囲気で「あとはそれに没頭すればいいだけ」という状態にあれば、すばらしい能力を発揮します。

人から「好きです！」と言い寄られると付き合ってしまうような、軸のふらつき加減も似ています（笑）。でも〈33の人〉のほうが、よりフワフワしている感じです。

〈6の人〉との違いは能力に気づいているかいないか。

〈6の人〉は自分の能力に気がついていて能力を生かす。〈33の人〉は自分の能力に気づいておらず、「気がついたら……」という状況になります。

〈6の人〉は人のために動くとき、賞賛を周囲に求めるところがあります。自分の有利になるよう作戦を練ることも。

しかし〈33の人〉はそんな計算高さはまったくなく、あらゆるものを受け入れる懐の深さを持っています。

悩みごとのある人は〈6の人〉ではなく、〈33の人〉のところに行くでしょう。でも、新しくて素敵なことが知りたいのであれば〈6の人〉に寄って行くはずです。そんな違いがあります。

33の大切なこと

ありのまま、すべてを受け入れる

愛を与える人

だれにでもやさしくて親切です。子どもや社会的弱者、困っている人すべてに愛を与えることのできる人です。

それがいつも何かのかたちで返ってきます。あなたが困ったときはだれかが必ず力になってくれるでしょう。なかには経済的支援、物理的支援をしてくれる人さえもいます。そんな徳を持っている人です。

〈11の人〉も人助けをしますが、一生懸命グイグイいきます。〈33の人〉は、ナチュラルにやっている感じです。一生懸命さがありません。

33

THIRTY THREE

しがらみは面倒くさい

友だちは多いけれど、ベッタリという関係は好まず、わりとあっさりした付き合いをします。情念がない感じです。

人を思い通りに動かそうとしたり、こうしてほしいと要求をしたりということもありません。だれとでも一定の距離を置いている感じです。

「派閥」とか「力関係」といったこともどちらかというと苦手。派閥には属さないけれど、どの派閥の人ともそれなりに仲よく付き合うことができます。下心を持たずにいろんな立場の人の話を聞ける、貴重な存在でもあります。

言い換えると、どちらにもいい顔をして信頼されないので、政争の渦中にいない人。いつもどこかしら蚊帳の外です。

「自由を求めて旅に出る」人生

「外に出ていく」という数字です。

自由を求めて旅に出る、いまの環境から飛び出して世界に出ていく人です。狭いコミュニティや閉鎖的な組織にはもったいない人。グローバルな活躍、地球規模の活動ができる人です。

どこか旅に出てその場所が気に入って住みついちゃったとしても、そこでちゃんと生きていける人です。

大切なことって……

〈33の人〉を一律に「こういう人です」と言えないのと同様に、「33の大切なこと」を定義することはとても難しい試みです。「大切なこと」という概念すらないかもしれません。

お金がほしいわけではなく、「お金のことを考えなくてすむくらいに、お金があればいい」「なんなら世界からお金が消えれば自由になれるのに」という感覚です。

友だちを救いたい、というより、「だれか（知らない人含む）が理不尽な扱いを受けたり、この世のどこかに不幸な人が存在しているのがイヤ」。

理想の世界は天国みたいなところ。フワフワとしていて、みんなが幸福でいられたらいいな、となんとなく思っているようです。

33
THIRTY THREE

33の仕事

目の前のおもしろいことを続けていく

「おもしろいならやりたいかな？」

仕事に対してもとらえどころのなさを発揮します（笑）。「何かをやらねば！」とか「何かをやりたい！」という切迫感がなく、「おもしろいならやりたいかな〜」といったフワフワした感じで仕事を選びます。

何をおもしろいと思うかは人によってさまざまですが、とにかく自分の興味が向かないことはやりたくないし、無理にやっても長続きしません。

だから転職も多いです。「合わないな」と思うとすぐに職を替えてしまいます。

でも〈33の人〉にとって転職はとても大事なことです。転職を繰り返しながら、自分に本当に合ったものを見つけることができるからです。

「変化する」ことが好き

自由な発想ができる人ですから、企画やデザインなどクリエイティブな仕事は適職でしょう。

人あたりがいいので、飲食業、接客、通訳も合っています。

また独立してフリーランス、自営業の道を選んでもやっていけます。自分の好きなことを生かせばじゅうぶん成功できるはずです。

職人や研究者なんかもピッタリ。興味のあることであれば、ずっと同じことを続けられるからです。

とはいえ、そのなかで、「刺激を受ける」という変化がないと続きません。

新しい愛、新しい場所、新しい文化に出会い続けることは、〈33の人〉にとって大切なことです。

仕事のできる人とそうでない人が両極端

仕事がとんでもなくできる人と、全然ダメな人がいます。大成功している人がいる

33 THIRTY THREE

かと思えば、働くのがイヤで逃げている人もいます。

中間がなくて両極端です。

でも無職の人も仕事のできない人も、みんなに受け入れられ、愛されて生きていきます。

33の恋愛・結婚

「だれのものにもならない」独自の恋愛観

友だちのなかから恋愛相手を見つける

基本的に断るということをしません。ですから、すごーくモテます。相手から「好きです！」とアプローチされているうちに、「まぁいいか」といって付き合ってしまうケースも多いはずです。

友だちのなかから相手を見つけ、別れた後はまた友だちに戻ることができます。自分自身がうつろなので、しっかりした存在をパートナーにしたいという願望があります（無意識ですが）。

だれのものにもならない

恋愛関係も人付き合いと同じで「あっさり」しています。同じ相手とくっついたり離れたり、大恋愛の末、あっけなく別れてケロッとしていたり。自由気ままな恋愛をすることもあります。かと思えば、ひとりの人にのめりこんで、ラブラブになってしまうことも。このあたりも本当に独特です。

「だれのものにもならない」人なので、相手が独占欲の強いタイプの場合は、そんなあなたにイライラするでしょう。

不倫もアリ……？

恋愛遍歴の華やかな人ですが、「ゆるされない恋愛」であっても気にしなかったりします。そこでもボーダーレス感覚です。

浮気するように見えなくても、誘惑されるとフッと乗ってしまうようなわきの甘さがあります。浮気のつもりはなくて、「楽しかったから遊んできました」という感覚です。

その結果、波乱が巻き起こったりするのですが、本人はあまり気にしません。

結婚してもこの傾向はあります。結果として、何度か結婚と離婚を繰り返すことになるかもしれません。

というか、結婚自体をそんなに大ごととととらえていない節もあります。結婚制度という、人が決めたことに縛られる人生なんて〈33の人〉には価値がないからです。

「まわりのみんなが家族」という考え方

〈33の人〉は家族運が薄い場合があります。

天涯孤独のような人も少なくないし、家族に関する苦労を重ねてきている人も多くいます。

しかしながらあなたを家族のように、いやそれ以上に大切に思ってくれる人がまわりにたくさんいるはずです。何かにつけ、みんなが気にかけてくれるし、何かあったら必ずあなたを助けてくれます。

その意味では「たくさんの家族」に囲まれた、幸せな人生ということもできます。

独特の家族観

結婚相手にも子どもにもすごくやさしいし、とても大切にします。

ただ、〈33の人〉は家族なんていう小さいサイズには収まらないところがあります。

33
THIRTY THREE

「いっしょに住んでいる大切な存在」という意識はあるけれど、家族だからといって特別な存在だとは思っていません。

家族で一致団結してベッタリ行動する、というのは苦手で、やっぱり一定の距離を保っている感じです。

そんなあなたに対し、家族は物足りなさ、さみしさを感じているかもしれません。

親も子もパートナーも、あなたを「自分のもの」にはできないのです。

〔33の人〕の特徴いろいろ

何をしているかわからない人――派手でも華美でもなく、ふつうの装いをしているのに、周囲に「何者なんだろう」という印象を持たれます。しっかりした職業でも、だれかの親であっても、外見からはわかりません。案外ふつうの人なのに不審に思われたり、思慮深そうに見えるけど、何も考えてなかったり。どこにいても何かズレているので地味に浮きます（笑）。

食べること――食べることが大好き。食べること＝生きること。食事をすごく大切にします。自由に勝手気ままに食べられるビュッフェが好きです。

信者がいる――なぜか周囲に助けてくれる人がいます。だれかに頼って生きる〔33の人〕もいますが、それは特定の人ではなくて時期によって変わります。

33

THIRTY THREE

社会に適応できないときも──気まぐれで、飽きっぽくて、自分のしたいことだけするので、ただ素直に生きているだけで、波乱を巻き起こしたりします。大人なのに、みんなが働いているときに平気で遊んでいる人も。社会適応できないことで、「自分てクズかも～」と思っていることもあるけれど、深刻ではありません。

どこかへ行きたい──ひとつのところにいたくないので、いつもここではないどこかへ行きたいと思っています。サイクリング、ドライブ、散歩が好きなのも、じっとしていられないからでしょう。

忖度しません──空気を読んで動いたり、権力者の意向をおもんぱかるようなことが苦手です。忖度できない人ですね。面倒くさいという理由であえて忖度しない場合もあります。

波乱万丈な人生──子どものころに苦労をする人が多いです。たとえば家族関係に恵まれなかったとか、なんらかのハンディを抱えているとか、マイノリティであるなど。

それを乗り越えるために、いろいろ我慢したり、努力したりもしてきたことでしょう。

でもその経験こそが、〈33の人〉の人生にとって宝物となります。その苦労で得た経験や知識を次の世代に伝えたり、不条理を解消したりすることが、〈33の人〉の役目でもあるのです。

高い経験値を人生に還元させていってください。

疲れたときは――〈33の人〉は体が非常に強いといわれています。かかりやすい病気もないし、メンタルも強い。恵まれた健康を大事にして、寿命をまっとうしてください。

疲れたときは、だれも知らない、人のいない場所に行くと回復します。できれば自然のあるところがおすすめです。旅はあなたを復活させてくれます。

ダイエット法――口では「やせたい」と言ったとしても、実のところ「やせなきゃいけない」という危機感をあまり持っていないのではないでしょうか。基本的に食べることが大好きな人ですし、ダイエット意識は低めのはず（笑）。

もし本気でダイエットを志すなら、専門家に指導を受けるのがいちばんだと思います。スポーツジムでトレーナーにつくとか、栄養士に栄養指導を受けるなど。

それが難しいなら、わかりやすいルールを決めてそれを守るようにするといいでしょう。1日30分ジョギングをするとか、1500キロカロリーに抑えるなど。「シンプルで、わかりやすい」ということが最大のポイントです。

自分に言ってほしい言葉

「自分を知るのはもっと先」

あなたは自分のことがわかりません。不安ではありませんが、不思議に思っています。でもそれはあなたが33であれば当たり前です。あなたは何かを探す旅の途中です。それはあなた自身の生きる意味、そして宇宙の真理です。まだまだ道のりは遠く、あなたの旅は続くでしょう。

「みんな大好きでOK」

あなたにはたくさん好きな人がいて、さらに自分を好きになってくれる人をやっぱり好きになって。あまりに大勢好きな人がいると不思議になります。「本当の愛ってこんなものだろうか?」。

あなたはだれも好きじゃないのかもしれません。愛が多すぎてよくわかりません。人はそれではダメだと言うかもしれませんが、〈33の人〉はこれでOKなのです。

33
THIRTY THREE

「お金の心配は必要なし」

波乱万丈な人生ですね。お金持ちになったり貧乏になったりします。人はある程度の地位とかお金とかをほしがりますが、あなたの場合はそんなことを気にしなくて大丈夫です。ピンチになるとだれかが、何かが助けてくれます。

お金が人生の目標になったりはしません。「お金のことなんて考えなくていい」という人生がいいですよね。そうなります。

他人に言ってほしい言葉

「私はみんなが好きなんだ」

あなたを愛する人はいつも不安です。あなたがだれを愛しているのか、自分だけを見ていてくれるのか確信が持てません。それはあなた自身も同じですよね。ハッキリ言ってみてはどうでしょう、「特別な人はいない、みんなが好きだ」と。あなたの愛はひとりだけに収まるものではありません。

「あなたが決めてくれる？」

〈33の人〉の性格をひと言でいうと「優柔不断」。あなたのなかの核になるものさえあれば「それ以外はどーでもいい」というメリハリのある人なので、どうでもいいことを決めるのは面倒です。こだわりがないものに関しては、「私はこだわりがないので、だれか決めて」と言うと問題解決です。本当に面倒くさいだけなのに、遠慮していると思われることもあるので、言葉に出して伝えましょう。

「私は顔と名前が覚えられません」

おもしろいことに、人の顔と名前が覚えられないのは、〈33の人〉の特徴です。悪気はないのですが失礼をすることがありますよね？　先手を打って「覚えられない人間なので失礼するかもしれません」と言ってみましょう。あなた自身が安心しますよ。

第3章

魂の数

NUMBER
OF
SOULS

人生の土台となる数字

いよいよ3つの数字のうちのふたつ目、「魂の数」です。「魂の数」は、誕生日の数をひとけたになるまで足して求めます。1、2、3、4、5、6、7、8、9、11、22の11通りで占います。21日生まれの人は「魂の数3」、28日生まれの人は「魂の数1」です（29ページを参照してください）。

「魂の数」はあなたの子ども時代のストーリーをあらわします。

ちょっと思い出してみてください。子ども時代のあなたと、大人になったあなた。変わりましたか？　それともまったく変わっていませんか？

たとえば子どものころはすごく社交的で、いつも人の中心にいるようなタイプだったのが、大人になったら静かにひとりですごす時間をこよなく愛するようになっていたとか、子どものころは何に対しても不安感を抱えていたけれど、大人になったら不安がまったくなくなったなど。

もちろん成長とともに考え方も性格も変わってくる部分も大きいでしょうが、それだけでは説明のできない「何か」があるはずです。

これは「魂の数」から「鍵の数」への変化によるところが大きいのです。人によって個人差がありますが、「魂の数」の影響はだいたい12歳ごろを目処に薄まり、その後は「鍵の数」があらわれていきます。女の子は比較的早く変化し、男の子は中学校卒業あたりまで「魂の数」を生きます。

はっきりと変化する人も多いのですが、大人になっても「魂の数」が色濃く残っている人もかなりの数いると実感しています。性質の「土台」となる数字という位置づけがしっくりくる感覚です。

前世の縁が「魂の数」でわかる？

カバラでは「魂の数」は「直近の前世をあらわす数字」とされます。前世の感覚は今生にも残っていて、それは子ども時代に色濃く影響するようです。言ってみれば「魂の数」は「魂の記憶」です。だから子ども時代の性質・素質を「魂の数」で見るとされているのだと思います。

あなたがどんな子どもだったのか、好きなことはなんだったのか、何が苦手だったのか。子ども時代のあなたの本質を知ることで、腑に落ちることがたくさんあると思います。

「魂の数」が「前世の数字」であるというのは数秘の教科書に書いてあるのですが、そのあたりは私にはそうですとも違いますとも言えません（前世を確かめることができないので・笑）。

ただ、鑑定でみなさんのお話を伺っていると、きっとそうなんだろうなと思えることが多いのも事実です。

特に〔魂の数3〕の人にその傾向を感じます。〔魂の数3〕を持つ人同士に、深い縁がある人が多いようです。ひとりではなく、みんなでいっしょに生まれ変わっている感じなのです。

知り合いの編集者さんは〔魂の数3〕で、お母さんも妹さんも息子さんも〔魂の数3〕。人生の重要なキーパーソンとなる親友も〔魂の数3〕とのこと。

〔魂の数3〕のクライアントは、夫ではなくお姑さんに恋われて結婚し、ずっとずっとよくしてもらったと話してくれました。お姑さんの魂の数が〔3〕であることを知り、「前世からのきずながあるのかもしれません」と私が言ったところ、「あれほどかわいがってくれた理由がわかった気がする」と涙ぐんでいらっしゃいました。

〈魂の数3〉を持つ人は、自分のまわりに同じ〈魂の数3〉の人がいないか考えてみてください。もしかしたら「来世もいっしょにいようね。いっしょに遊ぼうね」と約束して生まれてきた仲間がいるかもしれません。


ほかには〈魂の数7〉同士、〈魂の数11〉同士も特別な縁を感じる数字です。

〈魂の数7〉同士の場合は、寝食をともにするとしっくりくる関係で、同居人、旅行仲間などが〈魂の数7〉のコンビである例をよく見かけます。ほかにも〈魂の数7〉の人同士で、ピンチになるといつもスッと現れてちょこっとヒントを与えて去っていく友人がいる、と聞きました。

〈魂の数11〉同士のご夫婦は、ご家族にケアが必要な方がいて「いっしょに乗り越えていこうと決めて、今回生まれてきたのかもしれない」という私の指摘に心から納得なさっている様子でした。

いずれも確かめようのないことですが、鑑定を通じて、なんとなく「前世の縁」というのはあるんだろうな、という気がしています。

「魂の数」を知ることで自分を癒せる

子ども時代において「魂の数」ごとに「望ましい育てられ方」というものがあります。どんな育てられ方をすれば幸せになれるのか、数字によってそれぞれ違うのです。

ところが多くの人が、「自分の数字に合った育てられ方」をしていません。

たとえば「かわいがってほしい」という思いが強い子どもだったのに、非常に厳しい家庭で育てられ、甘えることをゆるされなかったとか、あるいは大人の事情を理解していたのに、何かにつけ子ども扱いされて、それがとても苦痛だったなどなど……。

子育てにおいてこうした不調和は、かなり多く起こりがちです。

そして実に多くの人が子ども時代に受けた心の傷、つらい思い出を背負ったまま大人になっています。それは鑑定をしていていつも感じることです。

「魂の数」を知ることで、なぜつらかったのか、理由がわかります。

どんな親も子どもを愛して育てていることでしょう。でも親が持っている価値観がそのまま子どもに通用するわけではありません。

もしあなたがつらい記憶を抱えているならば、「あのときああ言われて傷ついたのは自分が悪いのでも親が悪いのでもなく、育てられ方が自分には合わなかったから」と理解してほしいのです。

「自分らしく接してもらえなかった」『親が子どもを理解できないのはしかたない」と、過去を受けとめることができれば、気持ちがラクになると思います。

もちろん「魂の数」を知ることは、自分のお子さんの子育てにも大いに参考になるはずです。

〔2の子ども〕について

ここでちょっと注意が必要なのは〔2の子ども〕です。

というのも「魂の数2」を持つ〔2の子ども〕は、特別にがんばる子ども時代を送るケースが多いのです。

ですから「2の子ども」だったという人は本書を読んでぜひ、自分の子ども時代をねぎらうきっかけとしてほしいと思います。ページもほかの数字より多く割いています。

ブレンド具合を自分なりに把握

「魂の数」は子どものころの本質をつかさどりますが、大人になるとまったく消えるわけではありません。

1なら1、2なら2の要素を持ったまま大人になっていきます。その要素はいつも表に出ているようなものではないけれど、確実にその人のなかにしっかりある「隠れキャラ」のようなものです。

たとえば職場では「まじめ一本で生きています！」みたいな雰囲気の人が、いっしょにカラオケに行ってみたら、やたら明るくはっちゃけて、そのギャップに驚いたなんていうとき、それは「魂の数」のなせるワザかもしれません。

よく「人は一筋縄ではいかない」といいますが、この「魂の数」こそが、人を複雑にさせている要因ともいえます。

本章では、大人になったとき、「魂の数」がどのように表出してくるか、「魂の数」と「鍵の数」の掛け合わせを示しています。

またそれぞれの数字の持つ「傾向」は同じですから、自分の「魂の数」にあわせて第2章の「鍵の数」も参照してください。「魂の数1」の人なら、第2章の「鍵の数1」（35ページ）もあわせて読んでいただくことで理解が深まります。

鑑定でお話を伺っていると、「魂の数」の割合が「鍵の数」より多いな、と感じる方もいらっしゃいます。みなさんには、両方のページを読んでいただき、「私は『魂の数』が4割くらい、『鍵の数』が6割くらい入っている気がする」と自分なりにブレンド具合を把握していただくと、より広がりがある読み方ができるはずです。

「鍵の数」にシフトしたいとき

22ページに書いたとおり、「鍵の数」の要素がいっさいあらわれず、「魂の数」のまま大人になったという方がいらっしゃいます。楽しく幸せに生きているのならなんの問題もないのですが、人生に違和感を感じていらっしゃる方が多いようなのです。

その場合、「鍵の数」を意識して少しずつそちらに行動を近づけていくとうまくシフトできます。

本来の数字である「鍵の数」へのシフトをどのようにおこなっていけばいいか、鑑定にいらした方の状況と私のアドバイスを、事例としてあげておきます。

・〔魂の数6〕↓〔鍵の数1〕

「きれいな人だな」という印象の関西在住36歳の女性。みんなのために気を使ってくださる人です。たとえばテーブルを拭いてくれたり、真っ先にドアを開けたり。人前に出るのが苦手で、自分を美人ではないと思っています。

独身でパート事務の仕事をされています。業務効率が悪いので改革をしたいと指摘してもパートは黙っててよと言われてしまう。このままの生活では明るい未来を描けないから仕事を辞めようか迷っている。お姉さんからは「あなたは都会に出てはやっていけないし、正社員にもなれないから近所で別のパートでも探せば？」と言われたそうなのです。〔鍵の数１〕のような人生はとてもじゃないけど送れそうもない。けれど、もっと楽しい生活をしたい、自信を持って生きたい、できれば彼氏もほしい。そんな相談内容でした。

〔鍵の数１〕は、パイオニアの数字です。新しい道をみずから突き進む勇気をお持ちであるはずなのです。まず、最初の一歩は、都会で仕事を探す。そして親元を離れる。就職先は、できれば美しい制服を着る職場か高級なものを扱う店などがいいでしょう。ここは、６という数字に合った職場を選ぶべきです。

ポイントは、自分がビクビクしないでいられる場所を探すことです。安心してはじめて〔鍵の数１〕の性質が発動できるからです。

・〔魂の数4〕↓〔鍵の数5〕

化粧やおしゃれはしない30代の独身女性。華美な服装をするのは下品だと思っているそう。まじめに休まずに仕事をすることが正しい、お給料はきっちり貯金をすることが望ましい、恋愛にも奥手、そんな人です。「そういうタイプの人がなぜ鑑定にやってくるのかな？」と疑問に思うと、毎日がおもしろくないからだそうです。ほかに、〔魂の数4〕を持っている主婦の方からも、化粧もおしゃれもしない、毎日がつまらないというご相談を受けたことがあります。

〔鍵の数5〕の特徴、たとえば好きな服を着て会社をさぼってどんどん遊んで、一夜限りの関係を持ってみたっていいんだよーと伝えると、かならずおっしゃる言葉があります。

「え？　いいんですか？　それやっちゃっていいんですか？」

つまりやりたいけどやってはいけないことだと思い込んでいたわけです。

まず〈鍵の数5〉に必要なのは恋だから、だれかを好きになるところからはじめましょうというアドバイスをします。好きな人がいなくても、ターゲットをだれかにしぼって疑似恋愛をスタートさせましょう。「あの人がいる！」。そんなドキドキ気分を味わいます。そして、「あの人にお茶を入れる！」という行動がさらに効きます。妄想の疑似恋愛でも感情をゆたかに積み重ねていくことで、本当の恋や出会いが近づきます。それがおしゃれや楽しい浪費につながります。妄想して行動。気持ちはあとからついてきます！　そして気がつけば〈鍵の数5〉にシフトできているはずです。

CHILD

1の子ども

無邪気で元気いっぱい

無邪気で純粋な子どもです。元気がありあまっていて、喜びも怒りもストレートに表現します。

なんでもいちばんが好き。負けたのが悔しくて大泣きするなど、プライドも高いです。落ち込むときは派手に落ち込みます。感情がわかりやすい子どもです。

車や動くおもちゃが好きです。

甘えん坊で、うっかりもの。

気持ちが熱くて一本気なので、まわりとケンカになることもあります。

でも本人は一生懸命で誠実に生きているので、決して上から目線で抑えつけてはいけません。頭ごなしに怒られるととても傷つきます。

熱を出しやすい傾向にあります。

P35〜58「鍵の数1」も参照してください。

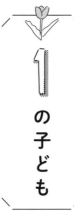

魂の数1を持つ人が大人になると……

大人になっても〈1の子ども〉の特徴である誠実さや正義感を持ち続けます。ふだんは温厚で思慮深い人でも、人が理不尽な目にあっているのを見ると我慢ができなくて怒りだします。あとで考えて「他人事なのに、なんであんなに自分は腹が立ったんだろう？」などと思う場合は、あなたの「魂の数1」が発動したときです。

魂の数1×鍵の数1 まっすぐな人です。子どものころから全然変わらないまま大人になった人。1らしい人です。

魂の数1×鍵の数2 たまに気弱になるけれど、基本的に明るく、しっかりした人です。「魂の数1」のパワーが強く作用するため、あまり〈2の人〉らしくはないかもしれません。

魂の数1×鍵の数3　ちょっと頑固かもしれません。言われたことを気にしないのが〈3の人〉ですが、「魂の数」に1を持つと、そこに拍車がかかるようです。人の言うことを聞きたくない人ですね。

魂の数1×鍵の数4　しっかりした信念の人です。〈4の人〉の持つ不安さはあまり表面に出てきません。グイグイいく感じです。

魂の数1×鍵の数5　明るく、楽しい人ですね。勢いがあり、人の心をつかむのがうまいでしょう。

魂の数1×鍵の数6　かわいい人なんだけど、ちょっとわがままなところがあるかも。いくら「愛されキャラ」でも、自分勝手はNGです。

魂の数1×鍵の数7　仕事ができる人です。やりたいことを成し遂げる力がありす。静と動の両面を併せ持っています。

魂の数1×鍵の数8 力強い人です。プライドの塊のような人です。しっかりした自分を持って目標を達成します。

魂の数1×鍵の数9 話が上手な人ですが、ちょっとグイグイいきすぎちゃう傾向にあります。〈9の人〉の特性である「傾聴」(＝人の話を聞く)も忘れずに。

魂の数1×鍵の数11 勢いがあります。わかりやすくリーダーシップをとり、人を引っ張っていきます。裏表のない誠実な人です。

魂の数1×鍵の数22 もともと22は経済的な成功を意味する数字ですが、それを1のパワーが後押しするため、大成功が期待できます。

魂の数1×鍵の数33 つかみどころのない印象の〈33の人〉のなかでも、わりとハッキリとした人です。明確な目標を持つと成功しやすいようです。

CHILD

2の子ども

心やさしく、デリケートな性格

がんばっている小さな魂

おとなしく、心やさしい子どもです。とても繊細で、いつもまわりに気をつかっているようなところがあります。

相手の気持ちを思いやることができて、コミュニケーションが上手です。子どもながらに、人の応援・援助をしてあげることができます。

反面、何かあるとくよくよして、いつまでも落ち込んでしまいがちです。

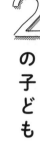

前述したように、「2の子ども」は「特別にがんばっている子ども時代」をすごすことが多いようです。

親の仕事が忙しくて子どものことをかまってやれなかったとか、きょうだいに病気があって家族がそちらにかかりきりだったとか。

いずれにしても、無邪気に子どもらしく、わがままを言って親を困らせるような幼少時代をすごせなかったという印象があります（このことはどの文献にも書いてありませんでした）。その結果として〔2の子ども〕はまわりの状況をよく見るようになるし、いろいろなことに気をつかう性格になってしまうようです。

2の子どもであった人に「子どものころはすごくがんばってたよね。大変だったね」と声をかけると堰を切ったように泣かれることがよくあります。

〔2の子ども〕はなんとなく生まれてくるのではありません。〔2の子ども〕でなければならない意味があってそこに生まれてきている。それは自分のためではなく、まわりにいる人たちのために生まれてきている。そして子どもであるにもかかわらず一生懸命にがんばっている。それが〔2の子ども〕なのです。

しかし、その努力が労われないままに大人になってしまうと、「もっと甘えてみたかった」「もっと抱っこしてほしかった」という虚しさを抱えることになります。

もしあなたがそうであるなら、過去の自分を封印したままにしないで、精いっぱいがんばっていたことをほめてあげてください。子どものころの自分をイメージして、

「えらかったね」「がんばったもんね。わかってるよ」と共感してあげてください。だれかに話してみてもいいかもしれません。友人やパートナーなど気をゆるせる相手に、自分のなかの子どもを抱きしめてもらいましょう。

〔2の子ども〕を持った親御さんへ

お子さんが〔2の子ども〕だった場合、何も問題がなさそうでも、一度見直してあげてください。すごく健気なお子さんです。

まずお子さんが何か我慢していることがないか、よく聞いてみてください。「今日は楽しかった?」「今日いちばん嬉しかったことって何? いちばん悲しかったのって何?」。そんな質問をして、ストレスを感じていること、つらいと思っていることをひとりで抱え込まないように共有してあげてください。

大きな問題がないという子でも、一生懸命に「いい子」をがんばっているかもしれません。ほかの子どもと同じように大声で叱ったりすると壊れてしまうようなデリケートさがあるので、そこを理解してあげてほしいと思います。

P59〜82「鍵の数2」も参照してください。

魂の数2を持つ人が大人になると……

あなたが人一倍がんばった子どもだったことは、数字が証明しています。もしもあなたのがんばりが大人たちに理解されていなかったとしても、11人の子どものなかでいちばんがんばったのは間違いなくあなただと思います。大人になったいま、我慢せず、自分が生きやすい楽園をつくってくださいね。

魂の数2×鍵の数1〔1の人〕のなかでは慎重で、物事を深く考えるタイプです。パッと見はおおらかそうに見えますが、見た目よりも緻密に思考します。

魂の数2×鍵の数2〔2〕という数字は確率的に非常に希少な数字です。それをふたつも持っている人は本当に珍しいです。あなたの助けが必要な人がまわりにたくさんいるのでしょう。

魂の数2×鍵の数3　勢いのある〈3の人〉ですが、どこかぽっかりした「空《くう》」を持っているような不思議な人です。

魂の数2×鍵の数4　すごく怖がりなところがあります。でもそれを表に出しません。付き合う人を慎重に選びます。

魂の数2×鍵の数5　ほかの〈5の人〉よりもいっそう魅力的な人です。どこかに影があるような雰囲気で人を惹きつけます。

魂の数2×鍵の数6　とてもやさしい人です。人の心をそっとなでるような心づかいができる人です。

魂の数2×鍵の数7　やさしさと冷たさを併せ持つ人です。人とは一定の距離をとって付き合います。あまり近すぎるのは苦手です。

魂の数2×鍵の数8 大変に繊細な人です。すべての数字の組み合わせのなかで最高の繊細さかもしれません。大切に扱われるべき人です。

魂の数2×鍵の数9 人の話を大切に聞く人です。人間の弱さを根本的に理解しています。

魂の数2×鍵の数11 「人助け」が使命の人です。自分よりも人のことを考えて生きる人。人間が大好きです。

魂の数2×鍵の数22 苦労をするけれどそれをバネに立身出世します。信頼できる人です。

魂の数2×鍵の数33 とんでもなくやさしい人ですね。人の世話を焼くのはいいけれど、「自分の軸」を見失わないようにしましょう。

CHILD

3の子ども

玉のような、子どもらしい子ども

宝物のようにかわいがられるために生まれてきた子どもです。大人たちから大切にされて、じゅうぶんに親に甘えて生きています。欲求のままに生き、おもちゃなんかも目いっぱいほしがります。歌も大好きです。

何をしてもかわいがられるし、喜ばれるので、本人も人の言うことを聞かず、調子に乗ってやりたいようにふるまいます。

でもそこがまたかわいかったりするし、それでOKなのです。

ちょっと注意したいのはケガをしたり、事故にあいやすいことです。ときどき魂が抜け出してしまうような感じで、「うっかり」するところがあります。

気管支炎や呼吸器の病気にもかかりやすい傾向があるようです。

P83〜107「鍵の数3」も参照してください。

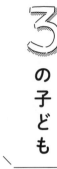

魂の数３を持つ人が大人になると……

いつもは思慮深い人だったり、慎重なタイプの人でも、「魂の数３」が発動すると、大胆な行動に出ます。ある意味では人としての「振り幅」が大きいということでもありますが、ときどき「わがまま」と思われてしまうことも……。

魂の数３×鍵の数１　元気いっぱいで勢いがすごいです！　ストッパーがない感じです。やっちゃってから「アレ？」ということも多いはず。

魂の数３×鍵の数２　穏やかで物静かな〔２の人〕に、〔３の子ども〕のほがらかさが加わっていい感じのバランスになります。

魂の数３×鍵の数３　根っからの天使ですね。祝福された存在です。しかしうっかりからのケガには注意しましょう。

魂の数3×鍵の数4　固くなりやすい〔4の人〕に〔3の子ども〕のやわらかさが加わります。苦しいときには3の時代を思い出して明るく立ち向かうことで突破口が開きます。

魂の数3×鍵の数5　モテますね。もともとモテる〔5の人〕に、〔3の子ども〕の無邪気さがブレンドされるからもう無敵。でも気がついたらだれもいない！　なんてことのないようにまわりも見てください。

魂の数3×鍵の数6　かわいらしい人ですね。〔6の人〕の計算高いところと〔3の子ども〕の無邪気さを行ったり来たりしながら、上手に世渡りしていけるはずです。

魂の数3×鍵の数7　7と3の組み合わせは、お互いを打ち消しあうような複雑さがあります。ふたりの人間が自分のなかに同居しているような感じです。

魂の数3×鍵の数8　〔8の人〕の孤独なマインドにとって、何も不安がなかった

〔3の子ども〕時代の思い出は、人生を強く明るく生きるための希望となってくれるでしょう。

魂の数3×鍵の数9 老人のような悟りと子どもの衝動とが混在しています。いつも冷静な〔9の人〕がノリノリになっているときは「魂の数3」が発動しているときです。

魂の数3×鍵の数11 すごい瞬発力の人です。感性が豊かなのに加えて洞察力が鋭いので、ちょっと怖いくらい何かの才能を持っているかもしれません。

魂の数3×鍵の数22 おもしろいブレンドですね。22の行動力に拍車がかかるでしょう。家族やまわりの人は竜巻のなかでグルグル回されているような感じかも。

魂の数3×鍵の数33 無邪気on無邪気です。社会のなかでうまくやってくれるかなあと心配になりますが、だれからも愛され支えられているのは間違いないでしょうね。

CHILD

4の子ども

納得するまで動かない、頭のいい子ども

頑固な子どもです。子どもながらに自分の意志がハッキリしていて、こうと決めたらテコでも動かないところがあります。でも論理的に説明すれば、ちゃんと理解して納得する頭のよさもあります。

子ども扱いされるのが嫌いで、大人と同等に扱ってほしいと考えています。どんなに小さくても思春期のような難しさを持っています。バカにされると反発してあまのじゃくになります。

ルール事項が好きで、数字に強いです。デジタル時計なんか大好きだと思います。急な変化が苦手で、慣れるのに時間がかかります。進学・進級でクラスが替わるとしばらくは不安で落ち着きません。また「転校」はつらい経験になると思います。

胃腸が弱い傾向にあります。

P108〜131「鍵の数4」も参照してください。

魂の数４を持つ人が大人になると……

たまにお金が気になってしかたがないときはありませんか？　「ここは○○円の損だな」とイライラしたり。そのときは「魂の数４」が出ているときです。これは子どものころの考え方のクセなので、ある意味でしかたがないのです。損をしても負けたわけではないし、終わりというわけでもありません。

魂の数４×鍵の数１　もともとしっかりとした信念がある上に、〈１の人〉の実行力が加わることで、やりたいことを次々と実現させることができます。

魂の数４×鍵の数２　正しい道を歩みたい人です。いつもは柔和な印象ですが、時に頑固な一面を見せます。

魂の数４×鍵の数３　人の話を聞きたくない人です。飛び抜けて何かの才能を発揮するかもしれません。そして成功します。

魂の数4×鍵の数4 バリバリ仕事をして結果を残していきます。硬いイメージの人です。家庭内でも少々厳しい人でしょう。

魂の数4×鍵の数5 仕事が大好きな人です。経済的に成功することを生きがいとしているかもしれません。

魂の数4×鍵の数6 やさしい印象ですが、内面には厳しさを秘めています。自分にも他人にも厳しく正しい人です。

魂の数4×鍵の数7 自分をしっかり持っています。他人に何を言われようが気にせず、自分の道を歩みます。

魂の数4×鍵の数8 なかなか人を信用しません。じっくり時間をかけて信頼関係を築いていきます。

魂の数４×鍵の数９　指導的な人です。上から目線になりがちですが、言っていることはだれもが納得する正しいことです。

魂の数４×鍵の数11　行動力があります。ちょっと突っ走りすぎるほどです。仕事はすごくできる人です。

魂の数４×鍵の数22　お金がついてまわる人です。しっかり資金計画を立てて、事業を成功させます。

魂の数４×鍵の数33　静と動が同居しています。人によってはそのブレンドがうまくいかなくて、何かを投げ出すようなことがあるかもしれません。投げ出しても全然大丈夫だけどね。

CHILD

5の子ども

感性で生きる自由な子

天真爛漫で、自由な子どもです。急に走り出したり、踊り出したりします。エネルギーがあまっているのでクタクタになるまで遊んで体が疲れるまで寝ません。人なつっこくてとてもかわいいけれど、親の言うことは聞きません。むしろ親がダメと言ったことしかやらないような子どもです。「これをやってはいけません」と制約されることが大嫌いです。

怒られると反発して落ち込むけれど、ほめられると俄然やる気を出します。

勘が鋭く、頭の回転が速いです。

音楽、美術、運動のうち、どれかに突出した才能を持っていることが多いようです。

愛情表現がストレートで子どものころからモテます。

P132～155「鍵の数5」も参照してください。

魂の数5を持つ人が大人になると……

厳しい人であっても、ガチガチにまじめな人であっても、ユーモアがあったり、人なつっこさがあったりと、人を惹きつける魅力がちょいちょい顔を出します。「鍵の数」が硬質で厳しい数字であればあるほど「魂の数５」の要素が生きてきます。

魂の数5×鍵の数1 根本的に楽観的でほがらか、かつ大らかな人です。まわりに人が集まってきます。

魂の数5×鍵の数2 みんなから愛される魅力を持った人です。律儀で誠実な部分もあります。

魂の数5×鍵の数3 勢いのある人です。人から好かれますが、本人はいたって自由で、あまりまわりのことは気にしません。

魂の数5×鍵の数4 厳しさのなかにもお茶目な抜けがあり、人気があります。人間関係においてはパーフェクトな人かもしれません。

魂の数5×鍵の数5 根っからのアイドルです。でも人気におぼれて浮気をすると信頼を失ってしまいます。

魂の数5×鍵の数6 モテます。男性にも女性にもモテます。芸術的な才能もあります。

魂の数5×鍵の数7 一見クールに見えるかもしれませんが、かわいらしくユーモラスな面もあります。天然のツンデレです。

魂の数5×鍵の数8 繊細で孤高の〔8の人〕に〔5の子ども〕の自由さがブレンドされることで活動的になります。大きな目標を持ってください。

魂の数５×鍵の数９　心配性な〔９の人〕と楽観的な〔５の子ども〕のブレンド。人として非常にバランスがよく、ある意味で「最強の人」といえます。

魂の数５×鍵の数11　人のことが気になって何くれとなく世話を焼いてしまう「いい人」。すごく感謝されることもあるけれど、おせっかいと思われることも。

魂の数５×鍵の数22　自分の思う通りに力強く仕事をする人です。お茶目な面もあって、それも仕事に生きてきます。

魂の数５×鍵の数33　すごく人気がある人。でも誘われると断れない弱さがあるので、浮気しやすい……かも。

CHILD

6の子ども

かわいらしく思いやりのある子ども

とてもかわいらしい子どもです。やさしいし、子どもながらに人を思いやり、相手にゆずることができます。外見的なかわいらしさ、おしゃまな仕草、大人びた表情など持って生まれた魅力があり、人気があります。

浪費家で、おこづかいもあるだけ使ってしまうようなところがあります。買い物が好きで何かをそろえることに楽しさを覚えます。

自己評価が低いので、ほめられないとスネたり、落ち込んだりします。まわりから「かわいい」「人気者だね」「大好きだ」などとほめられないと回復できません。やきもち焼きでもあります。男の子でも「女子っぽい」子どもです。

一方で、子どもでありながら、賢く、老成している部分があり、外から見えるより複雑です。甘いものが好きで、食いしん坊が多いです。

「鍵の数6」も参照してください。P156〜179

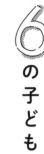

魂の数６を持つ人が大人になると……

人を自分の思い通り動かす天才！　その愛らしさと巧みな話術でみんなあなたのために動いてしまいます。ちょっと目にあまる部分もあるけれど、大人になると、「鍵の数」によってそこがうまくカバーされます。一生尽きることのないその才能をじゅうぶんに生かしてください。

魂の数６×鍵の数１　仕事や勉強、習い事の達成能力が高く、結果を残せる有能な人です。

魂の数６×鍵の数２　やさしい人ですね。人に流されているように見えますが、もしかしたら計算ずくかもしれません。どちらにせよ、あなたにはファンがたくさんいるでしょう。

魂の数6×鍵の数3　子どものころから何かの才能に恵まれていたはずです。いまあなたが自由に生きていれば、その才能が開花するはずです。

魂の数6×鍵の数4　厳しいなかにもやさしさのある人です。思いもかけない心づかいをすることがあり、そこに人は魅了されます。

魂の数6×鍵の数5　目立つ人です。ルックスもそうですが、所作や会話も洗練されていて人目を集めます。

魂の数6×鍵の数6　ひと言でいって魅力的な人です。まわりにいつも取り巻きがいます。でも怒らせると怖いです（！）。

魂の数6×鍵の数7　ツンデレな人です。二面性があり人を惑わせます。それゆえにすごくモテます。

魂の数6×鍵の数8 繊細な人です。ちょっとしたことでへこむかもしれません。でも芯は案外しっかりしています。

魂の数6×鍵の数9 話のわかる人です。相談相手にはもってこいです。相手の気持ちをくもうと努力する人です。

魂の数6×鍵の数11 フレキシビリティがあり、目の前の出来事に自在に対処できる能力のある人です。

魂の数6×鍵の数22 やさしく親切な人ですが、それだけではありません。大変厳しい人でもあります。時と場合によって使い分ける感じですね。

魂の数6×鍵の数33 才能がある人。でもそこにおぼれないよう注意してください。甘いものが好きな人が多いはずです。

CHILD

7の子ども

大人をバカだと思っている子ども

どんなに小さくても大人びていて、言われなくても、ものの道理がわかっているような賢い子どもです。あまり感情を顔に出さず、いつも冷静です。親にもベッタリする関係ではなく、内心甘えたいという気持ちもあるものの、少し距離がある感じです。自分以外は「バカ」だと思っています(!)。

ひとり遊びやひとりで空想にふけるのが大好きです。たま〜に「見えない」だれかと遊んでいたりします。霊感が強い子も多いです。

自己評価が高く、あまり友だちと群れたりしないので「孤高の存在」という感じになってしまいます。でも本人はそんな自分が好きなので心配には及びません。

こまかいことによく気づくし、自分がピンチになると言い逃れが上手です。

食べ物の好き嫌いが激しく、偏食傾向にあります。

P180〜203「鍵の数7」も参照してください。

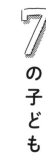

魂の数7を持つ人が大人になると……

ふだんは温厚で物わかりのよい人でも、「魂の数7」が発動されると、思いきった行動に出ます。情に流されたりせず、徹底的に合理性を追求します。たぶんそれは正しいのですが、まわりの人はビックリしているかもしれません。

魂の数7×鍵の数1 情熱的でありながら、冷静な面も持ち合わせています。バランスのいい人です。

魂の数7×鍵の数2 どこかあきらめているような印象の人です。何かを悟っているような落ち着きがあります。

魂の数7×鍵の数3 複雑な人ですね。明るかったり冷静だったり、無邪気だったり斜にかまえていたり。本人は少々つらいかもしれませんが、人間味のある、魅力的な人です。

魂の数7×鍵の数4 間違いをゆるさない厳しさがあります。自分自身に対しても他人に対しても厳しいです。力を抜くことも大事です。

魂の数7×鍵の数5 ミステリアスな雰囲気があります。ツンデレな人です。すごくモテるけれど傲慢になるのはNGです。

魂の数7×鍵の数6 人付き合いが上手な人です。でもある程度親しくなると、フッと後ろに下がるようなところがあります。男女ともに「手に入らない憧れの人」という感じですね。

魂の数7×鍵の数7 ひとりが大好きです。友人は必要最小限でOK。面倒な関係はイヤです。とことんクールな人。

魂の数7×鍵の数8 高いプライドと諦観の持ち主。人からは孤高の人と思われます。付き合う相手は慎重に選びます。

魂の数7×鍵の数9 人の話を聞いてあげることがとても上手ですが、たまにものすごく面倒になって放り投げたりします。あまり追い詰められない、安全な場所にいたほうがいいですね。

魂の数7×鍵の数11 正しいことを言うけれど、ちょっと厳しい人です。他人を厳しく律してしまうのは考えものです。

魂の数7×鍵の数22 財運、知力、洞察力がある人です。何かをはじめれば必ず成功します。みんなのために何かをやってください！

魂の数7×鍵の数33 つかみどころのない人です。やさしいかと思うと急に冷たくなったりします。本人にはコントロールしようがないのです。でもそこが魅力的です。

CHILD

8の子ども

プライドの高い「小皇帝」

「小皇帝」のような子どもです。小さくても、まわりから礼節を持って対応されるべきものを持っています。小皇帝だから、いつもどこかに孤独感があります。でも友だちには親切で、相談に乗ってあげることも多いでしょう。一方で、親の言うことは聞かない頑固者。思い込みが激しく、くよくよするところがあります。

頭がよくて能力が高く、負けず嫌いです。ケンカには絶対に負けたくないタイプです。負けるぐらいなら最初から勝負を下りてしまうようなところがあります。

〔8の子ども〕は小さいころの挫折体験が一生を左右しかねません。いつも勝っていて、ほめられるような状況にあってこそ、自分に自信が持てます。威圧的な親のもとで育つとポテンシャルが発揮できない場合があります。

P204～227「鍵の数8」も参照してください。

魂の数8を持つ人が大人になると……

子どものころにほめられたかどうかで人生が違ってきます。ほめられて育った人は自分に自信が持て、大きく飛躍できます。叱咤激励されて育った場合は、自分に自信を持てないかもしれません。でも本当のあなたはとてもポテンシャルが高い人なのですよ！

魂の数8×鍵の数1　ほかの〈1の人〉よりもプライドが高い人です。みずからの失敗がゆるせません。孤高の人と思われています。

魂の数8×鍵の数2　生まれながらに人間の二面性を知っていますね。今回の人生で学ぶべきことがハッキリしています。それはおそらく「無償の愛」でしょう。

魂の数8×鍵の数3　子どものころから皇帝のように誇り高く生きています。自分の行動を制限するものは、親であっても教師であってもゆるせません。

魂の数8×鍵の数4　金運があります。お金には不自由しないでしょう。でもお金や財産にとらわれることなく、何かに取り組めばすばらしい結果を出せそうです。

魂の数8×鍵の数5　明るくて人気者なのにどこか影のある人です。それはその人の深みとなって人を魅了します。

魂の数8×鍵の数6　帝王のような誇り高い人です。それがすごく似合っています。ただ猜疑心が強いので、なかなか安心できる人や場所を見つけにくいかもしれません。

魂の数8×鍵の数7　若くても物事をよく理解している人です。悟っているといっていいかもしれません。

魂の数8×鍵の数8　高いポテンシャルと高い自尊心。ふつうの人生を送るにはちょっともったいないかな。才能を生かしてやりたいことをやりましょう！

魂の数８×鍵の数９　人が好きだったり嫌いだったりと、時によってころころ変わります。気苦労が多いです。気楽にいきましょうね。

魂の数８×鍵の数11　人を束ねる力があります。指導者として生きていく人。苦労は多いけど得るものも多い人生です。

魂の数８×鍵の数22　カリスマ性と運の強さをあわせ持って生まれた人。人生がおもしろいほどうまくいきます。得たものをまわりの人に還元してください。

魂の数８×鍵の数33　持って生まれた財運で相当助かっています。つべこべ言わないで働きましょう。あなたはすでに恵まれているのですよ。

CHILD

9の子ども

鋭い観察眼を持っている

子どもでも「おじいさん」のような知恵者です。時に親よりもものがわかっていたりします。子どもだからとバカにされたり、上からものを言われるのは大嫌いです。落ち着いていて、弁が立ち、発言に説得力があります。まわりをよく見ていて、親に対しても「お母さん、この前と言ってることが違うよね」などと、ズバリと指摘するような賢さがあります。ただ、一方向にものを考えてしまうきらいがあります。双方向に考えられません。

ストレスをためこんでしまうことも多いようです。

難しい子どものようですが、基本的に人が好きで、友だちを大切にします。人の話をよく聞いて、言い争いをうまく収めてあげられるようなやさしさもあります。

P228～251「鍵の数9」も参照してください。

魂の数9を持つ人が大人になると……

人と会って話をするのが好きですか？　それとも人間観察に興味がありますか？　とにかくまわりをよく見ている人です。それは子どものころからの癖ですね。人間に関心があり、人間が好きなのです。「魂の数」「鍵の数」のどちらかに9を持つ人は、人付き合いがとても上手で安定感があります。

魂の数9×鍵の数1　せっかちで勢いがあるかと思えば、思慮深く慎重だったり、ちょっと複雑な人。でもその複雑さがこの人の魅力です。

魂の数9×鍵の数2　人の話を理解しようと努力する人です。まわりの人みんなを平等に助けようとする志の高さがあります。

魂の数9×鍵の数3　大人と子どもが同居しているような人。持ち前の行動力と慎重さを使いこなせば大成功できます。

魂の数9×鍵の数4 少々人に厳しいかな。価値観の幅が狭いようです。人をゆるすことができれば人生がみるみる開けていきますよ。

魂の数9×鍵の数5 自分のなかで、モラルを壊したい！ でもそれはできない！という葛藤があるようですね。あなたの好きに生きていいのですよ。

魂の数9×鍵の数6 思いやりの深い人です。人の相談にもよく乗ります。話を聞いてもらうだけで人は救われます。

魂の数9×鍵の数7 冷静な人です。自分の役割をよくわかっていて、ムダのない動きをする知恵者です。

魂の数9×鍵の数8 うちに秘めた情熱があります。それを表出させるにはちょっとした勇気が必要ですね。どのタイミングで発言しようか、どこまで言ったら納得してくれるか、よーく考えている人です。

魂の数９×鍵の数９　老成しています。子どものころから賢く、もののわかった長老のようです。今生はだれか（両親とか、きょうだいとか）を諫めるというお役目を持って生まれてきたのかもしれません。

魂の数９×鍵の数11　勇気があり、人ときちんと対話のできる人です。あなたの勇気で助かる人がたくさんいますね。みんながあなたに感謝しています。

魂の数９×鍵の数22　準備万端ですね。子どものころから蓄積した情報を活用するときがきました！　やりたいことを思いきりやりましょう。

魂の数９×鍵の数33　優柔不断な人だと思われますが、違うんですよね。そのときそのときで、クルクル考えが変化するだけですよね。

CHILD

11の子ども

直感が鋭く、本質を見通す眼力を持つ

不思議な子どもです。目に見えない何かを感じることができたり、予言めいたことを口にしたり。ときには見えない存在とお話ができたりします。だから「変わっている」と言われることも多いはずです。

勘が鋭く、子どもながらに本質を見抜く力があります。

よくしゃべります。正義感が強いので、口ゲンカも多いほうです。

仕切り屋です。気づくとまわりを仕切って、リーダー的な役割を担っています。困っているお友だちがいたら放っておけません。いつでも真っ先に駆けつけて助けてあげたいと思う、子どもながらに崇高な精神を持っています。

P252～275「鍵の数11」も参照してください。

魂の数11を持つ人が大人になると……

子どものころに見た光景や感覚はあなたの核となって心の奥底に眠っています。人生のピンチのとき、その核が目を覚まし、あなたを助けてくれるはず。天の声を聞くようなイメージです。ほかの人には見えない道標が見えていることでしょう。

魂の数11×鍵の数1 開拓者ですね。どこを切り取っても勢いがあります。賢さと先見の明と力があるすごい人！

魂の数11×鍵の数2 人助けをするために生まれてきたような人。それが天から託されたお勤めです。

魂の数11×鍵の数3 ちょっと神がかったような人。意識が飛びやすいのではないでしょうか。地に足をつけて生活してください。

魂の数11×鍵の数4　あなたには未来が見えるはずです。その力を生かして仕事、もしくは何かほかの活動をするでしょう。与えられた力をしっかり使ってください。

魂の数11×鍵の数5　厳しさとズルさが混在しています。どちらもあなたですが、今生はズルくていいいと思いますよ。楽しむことを優先してみてください。

魂の数11×鍵の数6　もともと持っている鋭い洞察力に加えて、人の気持ちをくむ能力のあるあなたは最強。自信がなくなったときは、子どものころにほめられたことを思い出しましょう。

魂の数11×鍵の数7　神様に近い人です。ほかの人にはわからない真理を理解しているはず。それをみんなに伝えるか伝えないかは、あなたの意思次第です。

魂の数11×鍵の数8　今生はあえて大変な人生を選んできましたね。あなたが成功するには、自分のすばらしさを確信することしかありません。ほかのだれかに判断をゆだねてはいけません。あなた自身が決めるのです。

魂の数11×鍵の数9 いろいろ面倒なことを買って出ちゃう人。ほかの人なんて関係ないと思えればラクなのですが、それはあなたの生きる道ではないのですね。

魂の数11×鍵の数11 神様から仕事をいただいています。モーゼのようにみんなを導く人です。自信を持ってやっていきましょう。

魂の数11×鍵の数22 神様から仕事をいただいています。あなたは自分の能力を使って何かを成し遂げ、それをみんなに還元するために生まれてきました。それが何であるかをあなたはもう知っているはずです。

魂の数11×鍵の数33 神様から仕事をいただいています。それが何かは今生のなかのどこかでわかるはずです。もうちょっと待っていてください。

CHILD

22の子ども

不思議な安定感のある落ち着いた子ども

これまで、〔4の子ども〕としてカテゴライズしてきた22日生まれの人ですが、4日生まれ、13日生まれとは違う性質を持っていることに気がつきました。

〔22の子ども〕は〔4の子ども〕とは違って、頑固さや硬質さはありません。むしろ親や大人から言われたことをあまり嫌がらずに受け入れます。

ゆるぎない自信や安心感を持っているようです。まわりの状況を受け入れて淡々と生きている感じの子どもです。

〔4の子ども〕との共通点は、ルールを守るのが好きなところ、数字に強いところ、そして慎重なのも特徴です。またお金も大好きです。貯金が趣味の子どももいるでしょう。

P276～299「鍵の数22」も参照してください。

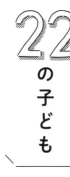

魂の数22を持つ人が大人になると……

どこか鷹揚な雰囲気が漂います。漠然と「なんか大丈夫じゃないかな？」という安心感を持っています。他人に対して懐が深いようです。人の好き嫌いがそれほどないとしたらそれは「魂の数22」のおかげかもしれません。未熟な人をゆるせる度量があるのです。

魂の数22×鍵の数1　せっかちな〈1の人〉に22の慎重さがブレンドされて安定感があります。人から好かれる人です。

魂の数22×鍵の数2　我慢強い人ですが時に思いきった行動に出ます。自分のなすべきことがハッキリわかっている人です。

魂の数22×鍵の数3　弾けている部分と落ち着いている部分の両方を持ち合わせて

います。いったん目的を持つとぶれることがありません。

魂の数22×鍵の数4　お金の神様がついています。成功への道筋が見えているようです。助けてくれる人がいます。

魂の数22×鍵の数5　人にあまり執着しません。いろいろな人と友だちになります。「みんな大好き」という気持ちで常にオープンマインドです。

魂の数22×鍵の数6　ひとつのことに情熱を傾けます。迷いがなく、研究や仕事に没頭するので成果が出やすいでしょう。

魂の数22×鍵の数7　自分をしっかり持っています。他人に何かを言われても相手を黙らせてしまうような説得力があります。

魂の数22×鍵の数8　〈8の人〉のなかでは安定感のある人です。人を信頼し、自分の失敗が表に出ても平気なところがあります。人徳者です。

魂の数22×鍵の数9　人の上に立つ人です。あまりスタンドプレーをするほうではありませんが、おのずと人がついてくるでしょう。

魂の数22×鍵の数11　自分の時間を欲しない人です。いつも外のことを考えて生きているでしょう。〈11の人〉のなかではやさしい雰囲気の人です。

魂の数22×鍵の数22　いわゆる「持っている人」。かならず助けてくれる人が現れて、ピンチを乗り切れるでしょう。思い通りの人生を歩む気がします。

魂の数22×鍵の数33　歩くパワースポット。何をやっていいかわからない人はとにかく人を集めてみて。いっしょにいる人が幸せになれるから。

第4章

使命数

NUMBER OF MISSION

「使命数」って何？

いよいよ3つの数字のうちの最後の数、「使命数」です。「使命数」は、誕生月と誕生日の数をばらして、左からひとけたになるまで足して求めます。1、2、3、4、5、6、7、8、9、11の10通りで占います。1月1日生まれの人は、1＋1＝2で「使命数2」、12月21日生まれの人は1＋2＋2＋1＝6となるので「使命数6」です。

使命数はあなたの人生にとって、ちょっと刺激的な意味合いを持つ数字です。ズバリこの数字があらわすものは「あなたが乗り越えるべきもの」。人生において「この部分をしっかり勉強しましょう」という使命（ミッション）がこの数字にあらわれているのです。

カバラではこのミッションをクリアすることが、あなたの今回の人生の目的とされています。ですから「使命数」には「M1」「M2」というように、「mission」のMをつけます。

「使命数」はいつあらわれる？

「使命数」の特性は、年齢を重ねるにつれ、徐々にあらわれてきます。

多くの場合、それは40代以降とされますが、早い人は20代から出ているし、60代になってやっと出てくる人もいます。70代、80代のほとんどは「使命数」の特徴が色濃くなっています。

だれもが人生の折り返し地点に差しかかると「自分の使命は何かな」と考えはじめるものです。そう思ったときはすでに、「使命数」に移行しはじめています。

とはいえ、１００％ガラリと「使命数」に変わるということではなく、「魂の数」「鍵の数」の要素を残しながら、徐々にブレンドされていく感じです。

あなたの人生の「ブレンド」はどんな仕上がりになるでしょうか。

10代、20代の人はまだピンとこないと思いますが、自分の未来をあらわす数字として読んでみてください。

「乗り越えなければならないこと」をあらわす

読んでいただくとわかると思いますが、「使命数」はどの数字も、ネガティブといううか、少々厳しいことが書かれています。乗り越えなければならないものだから、少し厳しい表現になってしまうのです。

たとえば〈M3の人〉は、「人にも他人にも厳しい」という特徴があります。

「では私の人生の目的は、人にも他人にも厳しくすること？」と思うかもしれませんが、そうではありません。〈M3の人〉は自分にも他人にも厳しすぎる傾向にあるからこそ、「人をゆるす」ことが人生の目的となるのです。

「使命数」の特徴が出るのが中年以降だと述べました。人生の終盤に差しかかって、自分の弱点があるならそれを克服し、自分のやったことは自分で責任を取らなければいけない。「使命数」にはそんな示唆が含まれているのだと思います。

本章では、数字ごとに特徴を示し、それをどう克服すればいいかという、私からのアドバイスを述べています。

「使命数」がほかの数字と同じ人は？

「使命数」と「鍵の数」あるいは「魂の数」が同じ人もいます。「鍵の数」が2で「使命数」も2とか、「魂の数」が4で「使命数」も4といったように。

その場合は、人生においてその数字に深く関わると考えてください。

たとえば「鍵の数1」の場合は、リーダーとして人をグイグイ引っ張るタイプですが、「使命数1」の場合は一転して「人の後ろに隠れたい」ことが特徴となります。背反する要素を持っているということになり、ちょっと複雑な人生といえます。

「使命数」があなたを「幸せな人生」に導いてくれる

「使命数」はあなたの人生にとって、最後の最後まで続けていくべきこと、やるべきことです。「使命数」の示すものをクリアできたら、その先には豊かで本当に幸せな人生が待っているはずです。

「使命数」を知ってこそ、本当の意味で「自分を知る」ことができるのです。

M1

だれかの後ろに隠れたい

矢面に立つことがとても苦手です。何かが起こったときは人のせいにして、人の後ろに隠れてしまいたくなります。

それはなぜかというと、責任を取るのが怖いから。人の後ろに隠れてしまえば責任を取らなくてすむからです。

何事に対しても自分で決めることができなくて、「最初の一歩」が踏み出せません。

ですからあなたのミッションは、人のせいにしないこと、自分で責任を取ることです。そして自分で決めて行動することです。それができたとき、あなたは人として大きく成長し、幸運に恵まれるでしょう。

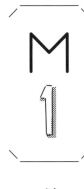

アドバイス

外出の計画を立てて友だちを誘おう

自分で計画を立てて、友だちを誘ってみましょう。「来週、ディズニーランドに行かない？」「みんなでお花見に行こうよ」など、自分が「言い出しっぺ」になって計画を立て、人を誘うのです。

あるいは気になるカフェやレストランを見つけておいて、友だちを誘ってみるということでもＯＫです。

またチャンスがあれば、グループの代表やチームリーダーになってみましょう。２〜３人の小さな団体でいいのです。「私がやります」と率先して手を挙げてみることが大事です。

心がけてみること

人のせいにしない。人のまねをしない。

M2

手放すことが苦手

パートナーや子どもなど、自分が大事だと思う相手に一生懸命尽くします。しかし、時が来たときにその関係を手放すのが苦手です。たとえば終わったことをいつまでも忘れられなかったり、年をとっても子離れができなかったりします。

「多情多恨」です。感受性がとても豊かで、悲しみや恨みに思う気持ちが強いところがあります。

ですから、〈M2の人〉のミッションは、「他人を思いやる」「手放す」ことです。自分も大変だけど、他人もいろいろあって大変なのだということに思いが至れば、あなたはとても信頼される人になるはずです。そしてこだわりから逃れることのできた〈M2の人〉には、軽やかで楽しい人生が開けているはずです。

アドバイス

見返りを求めない小さな行為をしよう

小さなことでいいので、「見返りを求めない行為」をしてみましょう。

たとえばお勤めの人なら、朝早く出社して自分の課のみんなのデスクを拭くとか、家の前の掃除をするときについでに近所の家の前も掃くなどといったことです。

あるいはトイレットペーパーがなくなりそうならば、次の人のために補充しておくとか。だれにも知られないけど心が洗われるようなこと、というのがポイントです。

「有償の愛」ではなく「無償の愛」を実践することです。それをやってみることで視野がグンと広がり、こだわりから解き放たれることでしょう。

心がけてみること

こだわりを手放す。他人に手を貸す。

M3

がんばっている自分を認められない

がんばり屋ですが、自分にも他人にも厳しい人です。どんなにがんばっても「こんなんじゃ、まだまだダメだ」と自分を追い込んでしまいます。

はたから見れば、本当によくやっているし、結果も出しているのに、「こんなレベルでは全然ダメだ」と、かたくなに自分を認めようとしないところがあります。

なまける自分、ダラダラする自分がゆるせません。休むことがとてもヘタな人です。また人に対しても自分と同等の努力を求めるので、まわりの人は息が詰まってしまいます。

ですから〈M3の人〉のミッションは「自分も人もゆるす」ことです。がんばっている自分を認めましょう。

アドバイス

サボる！ 休む！

思いきってサボってみましょう（笑）。お友だちを誘ってゆっくりお茶をするのでもいいし、昼寝をするのでもいいのです。とにかく「物理的に」休むことが大事です。お勤めの人なら、何もしないで家でパジャマのままでゴロゴロしてみてください。すごい罪悪感でしょうが。

「理由がないと休めない」と考える人ですが、そこを「がんばって」サボるのです。あなたが休まないとほかの人も休めません。人に対してもハードルを下げましょう。人はあなたと同じようにはがんばれません。

心がけてみること

がんばらない。休む。

M4

継続できない

継続することが苦手です。続かないことによる失敗をしがち。たとえば仕事が続かない、勉強が続かない、部活が続かないなど。「コツコツ積み上げる」ということができません。人間関係もすぐに飽きちゃって、恋人を次々替えたり、結婚生活も面倒になってしまったりします。

それから、人によってはお金に困ります。先のことを考えずにお金を使ってしまうようなところがあるからです。

ですから〔M4の人〕のミッションは「継続」です。続けることを学ぶ人生です。結果が出ないからといって投げ出さずに、やり通すことで、人間性が磨かれ、成果を残すことができます。

アドバイス

なんでもいいのでひとつのことを続ける

どんなことでもいいので、生活のなかで何かひとつのことを続けましょう。早起きをする、語学のレッスンをするなど。ウォーキング、寝る前の10分間のストレッチなど、体を動かす系もおすすめです。

「これならラクにできそう」と思えること、自分が心地よく楽しく取り組めることがいいと思います。

最初は結果が出ないかもしれないけれど、投げ出さずにコツコツ続けていけば、最後はなんらかの結果を手にできます。そのとき、〈M4の人〉は自分に自信が持て、前を向くことができるでしょう。

心がけてみること

すぐに結果が出なくても続ける！結果はあとからついてくる！

M5

自由に生きられない

既成概念にとらわれて自由になれないというジレンマを抱えています。

よくあるとらわれは育ってきた環境に関することです。親から教えられたこと、住んでいる場所の風習などに対するとらわれがありませんか？

「いずれは実家に帰らなきゃいけないから、あの人とは結婚できない」

「親の期待に応えるためにこの仕事に就かなければいけない」

など、自分で自分を縛っている人がとても多いのです。それが自分のやりたいことならいいけれど、「本当はそうしたくない」という人もいっぱいいるはずです。

ですから「自分とは自由な存在である」ということに気づくことが〈M5の人〉のミッションです。あなたの人生はあなたが決めていいのです。

アドバイス

家から離れて旅に出よう

「親って○○なものだよね～」「家族って○○なものだよね～」とまわりの人に質問してみましょう。あなたが「絶対こうでないとダメ」と思い込んでいたことが、人にとってはまったく気にならないことだったりします。人の意見を聞くことで、思わぬ気づきがあるはずです。

また、一人旅に出てみることをおすすめします。世界にはいろんな人がいて、それぞれいろんな価値観を持っています。自分がひとつの価値観に縛られていることに気づくことができれば、それだけで〈M5の人〉は気持ちがスッとラクになるはずです。

心がけてみること

実家や親などの「しがらみ」を捨てる。旅に出よう。

M6

人の気持ちが読めない

人の気持ちをくむことが苦手です。その場の空気が読めず、言いたいことを言ってしまったり、やってしまったりします。もしくは言うべきことを言わないでスルーすることも。わざとでなくても、その物言いやスルーすることが人を傷つけてしまうこともあるし、ひいては人間関係にも影響が出かねません。

ですから〈M6の人〉のミッションは「人の気持ちを想像してみる」「空気を読む」です。まずは人の話に耳を傾け、人がどう思っているか推しはかることが大事です。自分の言いたいことを言う前に相手の気持ちを考えましょう。

そこを意識できた〈M6の人〉は人間関係が劇的にうまくいき、そこから人生が開けるでしょう。

アドバイス

人をほめよう

空気を読むといってもなかなか難しいことなので、ここは一歩進んで相手に好意を示すのがいいと思います。

「その服、すごく似合う」

「今日も素敵」

「いつも勉強していて、えらいよね」

などと人をほめてみましょう。

人の仕事をちょっと手伝うなどでもＯＫ。「あなたとうまくやっていきたい」という意思を伝えることで対人関係が改善します。

心がけてみること

とにかく行動で好意を示す。

M7

人に頼って生きていきたい

依存的な傾向にあります。甘えん坊で、人に頼りたいという気持ちが強いのです。自分で決めるのが苦手で、判断を人に任せようとします。「○○に聞いてみないとわからない」といって逃げることもあるでしょう。

この傾向が中年以降に出てくるのはちょっと困ったことです。たとえば頼りきっていた配偶者に先立たれたら、どれくらいさみしい人生が訪れるのか。

ですから〈M7の人〉のミッションは「他人に依存しないで生きていく」「自立」です。経済的にも精神的にも自立すること。

「あ、私、ひとりでも大丈夫なんだ」と思えたとき、〈M7の人〉の人生はガラリと好転することでしょう。

アドバイス

最初から最後までひとりで行動してみる

何かひとつのタスクを、自分ひとりではじめ、ひとりで完結させてみてください。なんでもいいのです。飲み会の幹事を引き受けて、お店探しから、案内、出欠の調整、会計まですべてひとりでやってみてもいいかもしれません。

いちばんいいのはひとり暮らし。人を当てにせずに自分の力で生きてみることです。ただ、人によってはひとり暮らしができない事情のある人もいるでしょう。その場合は「お金の管理」を自分でやってみることをおすすめします。家にお金がどれだけあって、どう流れているか、自分で把握することで経済観念が生まれてくるはずです。家計管理を通してリスクマネジメントを意識することが、自立につながります。

心がけてみること

自分のことは自分でする。
常にリスクマネジメントを考える。

M8

地位やお金に執着してしまう

地位や名誉が気になってしかたなくて、それを得るための努力をする人です。もちろんそれで成功している人も多いのですが、問題は執着が激しすぎて自分自身を追い込んでしまうところです。

「もっと出世しなければ意味がない」「いまの自分はダメなんじゃないか」と、現状に満足できず、どんどんハードルを上げていっていませんか？　それが自分を苦しめているとしたら、手放すことがミッションです。価値観の転換ができたときこそ、〈M8の人〉の人生は大成功できるはずです。

人によってはお金の使い方に問題がある場合があります。ギャンブルにはまったり、買い物がやめられない〈M8の人〉にも多数お会いしました。

アドバイス

自分の内面を見つめてみよう

もしあなたの努力があなたを満足させているのなら、なんの問題もないでしょう。そうではなく、自分が設定している目標の高さが自分を苦しめているのなら、本当にその目標はあなたの目指すべきものなのか、見直してみましょう。

あなたの存在価値は「地位」や「権威」にあるのではなく、あなた自身にあるのです。自分の内面を見つめてみれば、あなたには人よりも優れたすばらしいところがいっぱいあるはず。それは地位や財産なんかよりはるかに価値のあるものです。

あなたを本当に幸せにしてくれることは何か、内省して答えを出してみてください。

心がけてみること

内省して権威に対する執着を捨てる。

M9

人の好き嫌いが激しく極端に走る

偏りがあります。人の好き嫌いが激しくて、「あの人のこういうところが嫌い」「こういうことをされたから、あの人とはもう無理」などと、決めつけてしまう面を持っています。逆に好きな人はとことん好き。人を「いい人」「悪い人」、「頭のいい人」「頭の悪い人」などと、二極化してジャッジするようなところがあります。

ものの見方や考え方もやはり偏りがあり、「これしかない！」「これができないともうダメだ！」とかたくなに思い込んでしまうかもしれません。

ですから、偏りをなくすこと、バランスをとることが〈M9の人〉にとってのミッションです。多様性を認めるということでもあります。正しいのは自分だけではないのです。

アドバイス

嫌いな人の「いいところ」を探してみよう

まわりに嫌いな人、苦手な人がわりといっぱいいるのではないでしょうか（笑）。嫌いな人の「いいところ」を探してみましょう。

人から情報を得るのもいいと思います。「あの人って、ああ見えてやさしいところがあるよね？」などと人に聞いてみましょう。意外な話が聞けるかもしれません。

もうひとつは長いスパンで考えるクセをつけること。「絶対こうだ」と思っていることも1年後にはまったく変わっているかもしれません。万物は移り変わるのです。

そう思えたらこだわりが手放せるはずです。

心がけてみること

偏りをなくす。バランス感覚を養う。

M11

現実逃避をしたい

目の前の面倒なことから逃げたい、現実逃避したいという意識が強くあります。イヤなこと、面倒くさいことから目をそらして、別のことに意識を飛ばしてしまう感じです。びっくりしたり、怖い思いをすることを恐れます。

逆に、目の前のことだけにとらわれて、物事を俯瞰で見ることが苦手な人もいます。だから〈M11の人〉のミッションは逃げないこと。目の前の世界をしっかり見て、受け入れ、向き合うことです。

自分の言ったこと、やったことに責任を取る、間違っていたら謝る……。小さなことでもスルーしないで、一つひとつ決着させることが大事です。それができたとき、〈M11の人〉にはとても恵まれた人生が訪れることでしょう。

アドバイス

小さな親切を行動に移す

いままで「見て見ぬふりをしてきたこと」がありませんか? それをあえてやってみましょう。特にやらなくてもいい小さな親切を勇気をもってやってみるのです。電車で気分が悪そうな人がいたら「大丈夫ですか?」と声をかける。道に迷っている人に道案内をするといった、小さな行為でいいのです。

さらにもう一段視野を広げて、自分の身辺も点検してみましょう。借りっぱなしになっているものはないか、約束を果たさないままになっていたことがないか……。現実に一つひとつ向き合い、きっちり行動することで、地に足が着いて、自分に自信が持てるはずです。

心がけてみること

リアルな世界を見る。見聞を広める。

第5章

橙花からの手紙

LETTERS FROM TŌKA

1の人へ

心が怒りの気持ちでいっぱいになったとき

あなたが怒っているとき、心では大粒の涙を流しています。
泣くことも、だれかに「好き」と言うことも苦手な、恥ずかしがり屋のあなたです。
本当に悲しいときには、怒るという態度になってしまいます。
まわりの人はあなたが「爆発したあとにケロッとしている」と言います。
「あんなに怒ったんだからもういいだろう！」と言う人もいます。
でもとても大切なことに気づいていません。
あなたはだれからも慰められていないのです。

ここまで読んであなたはどう思いました？
「怒っただけで悲しんでなんかないよ」と思いましたか？
あなたの怒りはたとえば小さな子どもが、
「お母さんが自分の言うことを聞いてくれない！」と泣いているようなものです。
その怒りには必ず悲しさやさみしい気持ちがともないます。
「なぜわかってくれないんだろう」という思いが怒りになってあらわれるのです。
どうでしょう？　ちょっと思い当たるところがありますか？
あなたはとっても素直で愛されるべき人です。
もっと愛されるには、気が弱い人の気持ちを想像してみればいいのです。
まわりの人たちは力のあるあなたを怖がっているのかもしれません。
自分の力に気づいてみてください。
あなたならちょっとくらい「悲しい！　つらい！」って言っても大丈夫ですよ。
あなたを応援しています。
もっともっと愛される人になってください。

2の人へ

クタクタになってしまったとき

私の母は〈2の人〉でした。このひと言を書いただけで泣きそうです。
母はすごくやさしい人で、亡くなってからいままでのあいだ、
「あなたのお母さんに助けてもらった」と、
知らない人が親切にしてくれたことが何度もありました。
そのたびに母は亡くなってからも私を守ってくれていると気づきました。

生まれついての繊細さを持つ〈2の人〉は、人の痛みに敏感です。
目の前の人が気分よくいられるように心を尽くしてクタクタですね。

自分のことは後回しで。

あなたがもしいまクタクタならば、ラクになる簡単な方法があります。
逃げることです。
逃げて、あなただけのやさしい世界をつくっていいのです。
実はあなたには世界をつくる力があると思っています。
どこにいても愛されるということは、無敵に近いのではないでしょうか。

今生、あなたは「自己実現をする！」というよりは、
だれかのために尽くすという生き方を選んで生まれてきたようです。
一見損に見えますが、
私は「愛し愛されるために生まれてきた人」とうらやましく思えます。
あなたの「やさしい人しかいない世界」が現実になりますように。

3の人へ

ひとりぼっちに気づいちゃったときに

明るくてチャーミングで人気者のあなたですが、
わーと思ってドーッと行ってバンバンやって!!で、
気づいたらまわりにだれもいなかったっていう経験があるはずです。
いつもは気にしないあなたでも、やっぱりポツンとひとりなのはさみしいですね。

あなたは子どもっぽいと言われることに怒りを覚えます。
「私は大人なのに!」と口をとがらせたり。そこがもうかわいい。
あなたはいつも一方向に真っ直ぐです。

一生懸命に遊び、一生懸命に仕事をして、愛して、怒って。

よけいなことは考えません。

それを人は「子どもっぽい」と言うのでしょうね。

でも、子どもっぽいって、純粋で真っ直ぐ、瞬発力があって倒れるまでやりきる！　というすばらしい能力のことじゃないでしょうか？


勢いがよすぎて他人はあなたについていけないときがあります。

あなたがひとりぼっちだと思う瞬間です。

でも、ちょっと立ち止まって後ろを振り返ってください。

きっとあなたのうしろのほうから、あなたに魅せられただれかが、えっちらおっちらあなたを追いかけてきているはずです。

あなたを放っておくことはできません。

玉のように大切でかわいい人なんですから。

でも体には気をつけてくださいね。電池が切れる前にチャージしてくださいね。

4の人へ

どうしていいか、わからないとき

あなたが冷静さを失うときには、必ずだれかの横やりが入っています。

思いもかけないひどいことを言われたとか。

計画していたものをひっくり返されたとか。

自分ではどうにもできないという状況が苦手で、そういうときって本当にいつものあなたらしくない行動をします。

あなたって何かのプロになるのが向いているんです。プロフェッショナルな人なんです。どの世界でプロになるかは人それぞれ違いますが、何かのプロとして生きるのは確かなこと。

プロが横からいろいろ口出しされたら仕事になりません。だからこそ、だれかから横やりが入ると、冷静でいられなくなるんです。

他人がヤイヤイ口を出してきたら「ちゃんとやるから任せておきなさい」と言ってやれるといいですね。あなたならそれができると思うから。
もし言える立場にいないなら、シャッター閉めちゃえばいいですよ。「無責任に口出さないで」って。自分でしっかり考えて結果を出せばまわりも納得します。

あなたの「正しさ」は人からよく見えています。それは大丈夫。
でもあなたの「やさしさ」は他人からはなかなかわかりにくいんですね。
でも、じっくり付き合える人はわかってくれます。
じっくり付き合える人とだけ仲良くしていったらいいですよ。

あなたはあなた。自分の道を歩いていきましょう！　これからも！

5の人へ

体調不良で寝込んでいるときに

あなたは体調不良をすごく怖がる人です。みんな怖いんですけどあなたの場合は特に！　自分の体がダメになっていくような感じが極端につらいですよね。
それはあなたの大きな特徴です。なぜでしょう？

〔5の人〕はすべての数字のなかでいちばん生き物として上等なんです。
最優秀人間って感じです。
あなたはその最優秀な体を持って生まれてきました。
優秀な体って、足が速いとか顔立ちが美しいとか、それだけじゃないんです。

視覚、聴覚、触覚、味覚、嗅覚の五感。それは生き物が世界を感知するための感覚機能なんだそうです。あなたはその五感がすばらしく優れている。おいしいもの、美しい色、心地よい音色、やわらかい感触、芳しい香り。そのどれもに敏感に反応できる機能を持っています。体がダメになるってことは、その機能が衰えていくという意味です。だから、体調不良になったり、老いを感じたりすることに、人一倍恐怖を感じるのです。

しかし‼　あなたの感覚はちょっとやそっとじゃ鈍りません。あなたはいつだって流行の最先端。みんなの憧れです。歳を重ねたからって魅力的じゃなくなるなんて、全然そんなことはありません。

私の知りうる限り、魅力的な人はいくつになっても魅力的です。

モテる人はいくつになってもモテます。

いまよりももっと輝いている自分を、しっかりイメージして生きていってください。

それと、ちょっとは貯金もしてね。あとで困るからね。

6の人へ

不満があるときに

〔6の人〕ってあんまり鑑定にいらっしゃらないような気がします。

〔6の人〕のことを相談しにほかの数字の方がいらっしゃることは多いです。

特に〔6の人〕の家族の方が多いですね。つまり〔6の人〕を愛している人が相談にきます。

「どうせ私なんて……とひねくれている」

「やればできるのになんで自信がないのかわからない」という相談が多いです。

満たされないから自信がないというのは〔6の人〕の特徴ですもんね。

私は決まってご家族に聞いてみるんです。

「〈6の人〉にありがとうって言っていますか？」

人はふだんの生活で「ありがとう」って言葉を、どのくらい使うものでしょうか。言う人はしょっちゅう言うでしょうけど。言わない人はまったく言わないワードかもしれません。言わない人はこう思ってます。

「そんなの当たり前だ。言わなくてもわかるだろ」

それならこっちもこう言いたいですよね。

「全然当たり前じゃない！　言われなければわからない」

あなたのがんばりや思いやりを、まわりの人は「当たり前だ」と思っているかもしれません。あなたがもし不満で心を暗くしているとすると、それは、「感謝されない」という点です。もし、あなたの善意ややさしさが響いてないな～って思ったら、そんな鈍感な人にはこう言ってください。

「ありがとうって言ってよ。もっとがんばれるから」

「ああ～～～かわいい～！」って相手は崩れ落ちるかもしれませんよ♡

7の人へ

たまに、さみしさが心をよぎったとき

もう聞き飽きたかもしれませんが、あなたはクールです。
自分でもそう思ってるし、ベタベタした人間関係は面倒でやってられませんものね。
でもたま～にちょっとさみしいなって思いませんか？
「この風景を、だれかといっしょに見たかった」と思ったことはありませんか？

私は映画とか演劇とかはひとりで観に行くことにしています。旅行もできればひとり。だれかとの日程調整などが苦手だからです。

でも、旅先であまりにも感動したときとか、あまりにおいしかったりしたとき、やっぱりさみしいなって思います。

あなたにもそんな経験はありませんか？　それでもひとりがいいのですが。

〈7の人〉っていうのはちょっと特別な感覚を持って生まれてきているような気がしています。片足を精神世界に突っ込んでいるような。

だから人間たちとは１００％融合できないような。

そんな不思議な感覚です。

それこそがあなたについて回る「ふっと香るようなさみしさ」じゃないかと思っています。そのほんのちょっぴりのさみしさに人は魅了されてしまうのでしょう。

さみしさを味わうために今生があります。さみしさから無理に抜け出す必要はありません。

8の人へ

人を信じられないときに

〔8の人〕には、ドンドン成功に向かって歩む人と、なんだか恐る恐る一歩を踏み出したり戻ったりする人の2種類がいるんですね。

私が「橙花」として数秘術の鑑定をはじめたのは、〔8の人〕を助けるためかもしれないなと思っています。不遜かもしれませんが、そんな気がするのです。

〔8の人〕が、現代の日本で自分のアイデンティティを保つのは難しいかもしれません。

価値基準がころころ変わり、勝敗の線引きすら曖昧模糊としている社会では、あなたの誇りはどう表現したらよいのでしょう。

2種類の〔8の人〕のうち、私に会いに来てくださるのは圧倒的に後者の方です。私の前で〔8の人〕は日ごろは言えない本当の気持ちをおっしゃいます。それを聞いて、誇りというのはなんと厄介なものなのか！といつも思います。


この本を読むことで、あなたの「生きづらさ」の輪郭が見えてきたら嬉しいです。

そして同じ思いでいる人がたくさんいること。

「裏切られた！」と思っていただれかにも、そうしなくてはいけない理由があったこと。

それを知れば、これからのあなたの人生はもっと気楽になっていくと思うのです。

あなたが信頼してもいい人間がたくさんいるんですよ。

たとえば私とか。

9の人へ

疲れちゃったときに

お疲れさまです！

私のやっている数秘術講座では全員の数字を出してもらって個人鑑定をしながら進めていきます。そこに〔9の人〕が交ざっているとすごく「場」が安定します。1グループにひとり〔9の人〕がいるとまとまるな～というのが実感です。それだけ気をつかってくれているということです。〔9の人〕には頭が上がりません。

〔9の人〕はよく鑑定に見えます。すごく多いと思います。講座にもよくいらっ

しゃいます。〔9の人〕が鑑定にいらしたときに必ずするお話があります。これ大事ですからね。よく覚えておいてくださいね。

「ほかの数字の人はもっとズボラに生きてます」

あなたのようにきちんと生きている人って少数派だと思います。だから人一倍疲れる。怠け者が「もっとがんばる」のは簡単なんですけどね。がんばってる人に「もっと怠けなさい」って言ってもなかなかできるものではありません。

頭も体の一部なんです。スポーツのあとにクタクタになるように頭を使いすぎるとクタクタになります。あなたの頭を休めてあげたいな〜って思います。

「休む」とかっちり決めるといいです。この日1日は布団から出ない、テレビの前から離れない、DVD3枚観る、夕方5時までカフェでマンガ読む！　役に立たない感じの時間のムダづかいをやってあげてください。

あなたの頭のために。

11の人へ

やりすぎちゃったときに

言われても別に嬉しくないかもしれないけれど、あなたって偉いですよね〜。
「ほめられても別に嬉しくない」っていうのも含めて偉いと思います。
11、22、33のゾロ目のみなさんは1〜9の人間界のみなさんとは違います。
どこが違うのか？　というと、「欲」の場所が違うようです。

人間の「欲」は自分のなかにありますが、ゾロ目系の「欲」は他人のほうにあるようです。簡単にいうとそれは「奉仕」ということなのかもしれません。

あなたはゾロ目チームのなかでもいちばん数が多く、人間界に散らばっています。そして「奉仕」がいちばんわかりやすいかたちであらわれています。それも力強く。

今生はいろいろあるでしょうが、とにかく一生懸命がんばってみるというのがいいかなぁと思います。その生き方があなたに合ってるし。

無責任でしょうか。

でも持って生まれたお勤めだから。この生のある限りやってみる。で、次は「もっとラクなやつ」を選んで生まれてきたらいいと思います。これで最後じゃないから。

あなたの人生は波乱万丈！「またやりすぎちゃった！」でＯＫです！

22の人へ

悩みがないとは思いますが

お会いできて嬉しいです。
なかなかあなたには会えないので。
本当にあなたに出会うのは大変です。
こちらから探して、追いかけていかないと会えない！
そんな数字はあなただけです。

でも何人かにお会いしてみて理由がわかりました。
「あなたには橙花は必要ない」

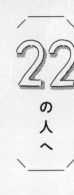

すごく安定してるし、運もあるし、充実感を持って生きておられる！

いつかあなたの人生をやってみたいと思ってます。本気で。

これまでお会いした〈22の人〉はみんな、なんというか明るい未来を感じさせる人たちでした。

もちろん人間には寿命がありますから人生の終わりも訪れるわけですが、何十年も経て、もう人生の終わり、そろそろあっち側に行こうかなってとき、「やりきった感いっぱいの表情」を浮かべてるんだろうな〜、と想像できる方々でした。

そんな人生はなかなかないようですよ。

今生の幸せをじゅうぶんに味わって、じゅうぶんに還元して生きていってください。あなたの起こす振動が、いったいどれくらいの人を助けるのかと思うと、ワクワクします！

33の人へ

夕方のニュースがつらいときに

ネットで流れてくるニュースの見出しを見て、心を痛めたりしませんか？

世の中はひどいニュースでいっぱいです。

あなたはその見出しだけで、ショックを受けてしまいます。

世の中のニュースは、あまりにも人間が不寛容に生きている事件を扱っていて、あなたを苦しめます。子どもが事件や事故に巻き込まれるのも耐えられません。

「なぜ人間はこんなにNOって言うのだろう？」

「なぜ人間はこんなに怒るんだろう？」

あなたには本当に謎なはずです。

ちょっと力を抜く、ほんのちょっと相手を愛する。

そうすればそこに天国はあらわれるかもしれないのに。

でもそれは、〔33の人〕ならではの思考です。執着と自意識がほかの数字より薄いのです。執着の希薄さにより、包容力が生まれます。その包容力を人は愛と言います。〔33の人〕ほどおおらかな愛を持っている人はいません。

敵も味方も関係ありません。敵同士のどちらからのお誘いにも乗っかります。何もかもをあるがままに受け入れるのが、あなたの愛です。

あなたの「受け入れる愛」は、わかりにくいけれどまわりにいる人たちに伝染していくようです。あなたのキャパシティーの広さは人を安心させますし、あなたのような生き方でも大丈夫なんだ！　と人の目を開かせるでしょう。

どうやらあなたは「居てくれるだけでいい人」のようです。

そしてあなたがあなたらしく生きることが、めぐりめぐって、遠くの悲しいニュースを、癒すような気がします。

おわりに

この本をつくるにあたって、何度も各数字についての打ち合わせをしました。

メンバーは編集の方と執筆にご協力いただいたライターさんと私の3人です。

いつもテーブルの上にはいろんなお菓子が並んでいて、見た目はお茶会のようでした。ふたりを喜ばせたくて、お会いするたびに「今度はどんなお菓子にしようかな？気のきいたお菓子って何かな？」と吟味したものですが、最近になって編集の方がブルボン大好き女子だと知り、軽くショックを受けました。


編集の方とライターさんは1の要素が強いふたり組で、取材内容の数字が7、8、9と進んでいくほどに納得してもらうのが難しいと感じました。

ふだんの鑑定では、〔9の人〕に9の話を、〔5の人〕に5の話をすればいいわけですが、〔3の人〕に9を理解してもらうことの難しさを、〔1の人〕に〔33の人〕を理解してもらうことの難しさを知りました。

打ち合わせを通して、だれもが自分のことを「ふつう」だと思っていること。そして、その「ふつう」は、人の数だけ無数に存在すること。

他人が自分とまったく異なる「ふつう」を生きていることを理解するのは、なかなか大変であることを学びました。

時にはふたり組vs橙花のバトルになってしまうこともあり、「そうじゃなくて！そうじゃなくて！」と思わず声が大きくなりました。

それでも3人ですごした長い長い時間は、私にとって宝物になりました。終わってしまったいま、さみしくてしかたがありません。

本をつくるという機会をいただき、数字についてより深く考察できたことは、とても貴重な経験でした。

私はこの本に半生をかけてきたと思っています。

大げさではなくて、いままでの人生のさまざまな困難が、この本を書くためにあったような気がしています。

「蓄積してきた知識をなんとか後に残せないか」と、ここ数年はずーっと思っていました。この本が出版できたことによって、やっと肩の荷がおりました。これからは自由に生きられるような気がします。


最後に。

本のためにご尽力いただいた編集者の飛田淳子さんとライターの高橋扶美さんに、感謝を申し上げます。おふたりとすごした時間をきっと一生忘れません。

また、取材にご協力いただいた方々と、黙って見守ってくれた家族に感謝します。

読者のみなさんが、この本を道具のように使いこなして、軽やかに生きていけるようになっていただけたら本当に本当に本望です。

2018年6月　橙花

増補版あとがき

『自分を知る本』を出版してから1年半、私にとって激動の500日間でした。

たくさんの方が会いに来てくださり、いままで訪れたことのない場所でセミナーやスクールを開催することができました。

私の数秘術はお会いするみなさんの声から作られています。クライアントの声を謙虚に受けとめ、頭をやわらかくしてどんどんアップデートしています。

出版後に多くの方とお会いできたことで、毎日新しい気づきがありました。

特に〈3の人〉と〈8の人〉がたくさん会いに来てくださいました。

〈3の人〉は決まって「本に書いてあるほど運がよくない！」とおっしゃいます（笑）。

〈3の人〉が疑問を投げかけてくださったのは、私にとってとても重要なことでした。

「なぜ、運がよくない」と感じるのか。

会話のなかで見つけていくことができて、鑑定の最後にはみなさん「そっかー！」とおっしゃっていっしょに笑うことができました。

〈8の人〉は「わかってくれてありがとう」と言いに来てくださいました。


また、鑑定に来てくださるお客様のマインドも大きく変化したような気がします。

出版前は悩みの解消が主な目的でしたが、出版後は「自分にはもっと素敵な未来があるでしょう？」と確認に来られる感じです。もっと幸せになるにはどうすればいいかというポジティブさを感じます。数秘術をきっかけに、どんどん自分の夢を叶えていかれる方もいらっしゃいました。


もちろん、悩みを抱えている方も来てくださいます。プロでありながら不覚にもクライアントといっしょに落涙してしまったこともあります。

改めて、鑑定に来てくださるお客様は、私に気づきを与えてくれる師のような存在であると、感謝しています。

これからも橙花式カバラ数秘術はアップデートしていきます。

今回〈魂の数22〉を追加したように、またいつか新しいカテゴリーが生まれるかもしれません。

そのチャンスを与えてくださるのは、本を読んでくれた読者のみなさんのような気がします。

本書は、前著の出版元である文響社さんから独立されたすみれ書房さんから出させていただいています。前回と同じ編集者の飛田淳子さんにお世話になりました。牛久保雅美さんの素敵なイラストもそのまま使わせていただき、デザインも前回同様アルビレオさんにお願いすることができました。

「500日のアップデートを反映したい、前回と同じスタッフでやりたい」という私の希望を実現してくださったみなさま、特に増補版の出版をおゆるしくださった文響社さんに心から感謝申し上げます。

出版から1年半、さらに出版以前の1年間、右も左もわからない新人の私を指導していただきました。
本当にありがとうございました。

2020年1月　橙花

参考文献

『ハリウッド式数秘占い』
グリニス・マッキャント 著
（竹書房）

『数秘術大全』
アンダーウッド・ダッドリー 著
（青土社）

『数秘術――数の神秘と魅惑』
ジョン・キング 著
（青土社）

『The Secret of Numbers
～シークレット オブ ナンバーズ』
Daso Saito 著
（ビジネス社）

モチーフの解説

EXPLANATION OF MOTIF

IRIS

4　あやめのつぼみ

まっすぐで潔い意志が感じられる花です。深いのに鮮やかな青も、ほかの花にはない色で、「4」の秘めたやさしさを感じさせます。つぼみなのは、「4」の持つ硬質さと、開ききらない伸びしろをイメージしています。

TULIP

1　チューリップ

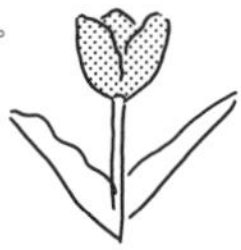

真っ直ぐ上に伸びる気持ちのよい花。子どものころ、人生ではじめに描いた花ってチューリップではなかったでしょうか。「最初の一歩」「いちばん」という〔1の人〕の特徴をあらわす花です。

PLUMERIA

5　プルメリア

肉厚で香り高い花です。つややかで鮮やかな風情が「5」にぴったりだと思いました。南国の潤いと刹那的なムードを感じさせる、セクシーな花の代表格です。

SWEET PEA

2　スイートピー

やわらかく透き通るような質感が「2」そのもの。ペールカラーの色も奥ゆかしくて、でも存在感がしっかりあって。みんなに好かれるやさしい印象の花ですね。

RANUNCULUS

6　ラナンキュラス

花弁がやわらかくふんわりしていながら密集していて、〔6の人〕の可憐な存在感が感じられる花。色もバリエーションがゆたかで、かわいらしさと美しさをかねそなえています。

GERBERA

3　ガーベラ

〔3の人〕にはガーベラ以外は思いつきませんでした！　まるい形もビビッドな色も、「3」のイメージ。多くの花のなかにあっても、決して埋もれることがない、パッと目をひくかわいらしさです！

MIKAN

11 みかんの花

実のなる花がふさわしいと思いました。〔11の人〕の動きにむだなものは何ひとつなくて、何かが結実するようなたくましさがあると思うので。白い色も潔いです。

WATER LILY

7 睡蓮

〔7の人〕には睡蓮しか思い浮かばなかった。神々しく咲く様子は、「7」そのもの。天上の一部がこの世にあらわれたようなドラマティックな花です。

PEONY

22 芍薬

すごく大きくて存在感のある花です。たった1本で生け花が完結してしまうような迫力です。そのゴージャスな風情は、〔22の人〕そのものです。

ORCHID

8 蘭

豪華な花、風格のある花といえば、蘭ですね。ゴージャスで高貴で、〔8の人〕と共にあるべき花だと思っています。いつまでも散らないさまも「8」にふさわしい。

COSMOS

33 コスモス

ユラユラと風に吹かれている様子が、「33」のだれのものにもならないというイメージに合っています。やさしく美しく、秋に咲くという儚い感じも「33」の印象です。

NEMOPHILA

9 ネモフィラ

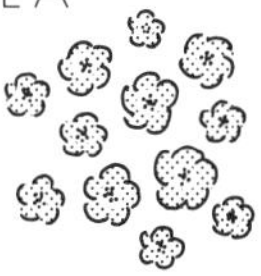

〔9の人〕ってみんなのために生きているように思えるんです。多くの人と喜びや美しい感動を共有するのが〔9の人〕。ですからひとりぼっちにならない花を選びました。薄い水色も癒し系で〔9の人〕にぴったり。

すみれ書房・橙花の本

相性を知る本

定価:本体1500円+税

合わない人は、合わない。
「しょうがない」と受け入れることが、
あたたかい人間関係のスタートになる。

毎日会う職場の人、身近な友だち、パートナー、親、子ども。そしてまだ出会っていないだれか。人と人との関係からは、喜びが生まれる反面、悩みも生まれます。本書は、①自分を知り、②他人を知り、③相性を知ることで、人間関係の悩みから距離を取る本。メインは、相性78通りの解説!各組み合わせを「2×4各駅停車の旅」「3×7アメリカンクラッカー」「8×9楽しい役員会議」といったタイトルとともに大紹介。みんなでワイワイ読んでもよし、苦手な人への対応策を調べるもよし。軽くて自由な1冊です。イラストレーション:小幡彩貴 装丁:アルビレオ

本書の紙

本文———オペラクリアマックス
カバー———サガンGA プラチナホワイト
帯————TS−10 N-9
表紙———ビオトープGA-FS ナチュラルホワイト
見返し———NTラシャ みどり
別帳扉———OKブリザード

橙 花

TŌKA

カバラ数秘術研究家・タロット占術家、カバラ数秘術講師。店舗デザインの仕事で悩みを抱えていたときに、カバラ数秘術と出会う。書物による研究で基本を習得した後、実践を重ね、オリジナルの「橙花式カバラ数秘術」を培う。これまで鑑定経験は6000名近くにのぼり、本書はそのたくさんの生の声から得た知見をまとめたもの。定期的に数秘術の講座を開くほか、近年は少人数制スクールにて後進の育成に努める。空手二段。篠笛奏者。著書に『自分を知る本　SEX・恋愛・結婚編』『相性を知る本』『誕生日で切り替わる9年間の数秘占い』(すみれ書房)がある。

https://lankalanka.jp/

［増補版］

自分を知る本

橙花の数秘占い

2020年3月10日　第1版第1刷発行
2023年6月 2 日　第1版第9刷発行

著者

橙花《とうか》

発行者

樋口裕二

発行所

すみれ書房株式会社

〒151-0071 東京都渋谷区本町6-9-15

https://sumire-shobo.com/

info@sumire-shobo.com〔お問い合わせ〕

印刷・製本

中央精版印刷株式会社

ISBN978-4-909957-05-4 Printed in Japan

NDC148 445p 19cm